꿈을 찾는 아카데미

10대를 위한
완벽한
진로 수업

꿈을 찾는

아카데미

김남수 지음

MBL Books

✧ 미래를 살아갈 아이들에게 꿈을 선물하자 ✧

한번 사는 인생에서 자신만이 이루고 싶은 꿈은 매우 중요하다. 하지만 삶의 목표가 아니라 수단에 불과한 직업을 꿈으로 알고 사는 사람들이 많다. 인생의 수단과 목표가 바뀐 채 힘들게 살아가는 현대인, 공부를 호기심이 아니라 노동으로 생각하는 아이들, 자신만의 꿈보다는 다른 사람의 꿈을 비교하며 부러워하는 아이들, 자신의 꿈이 무엇인지도 모르며 힘든 삶을 사는 아이들에게 이 책은 매우 구체적으로 꿈을 이루는 방법을 알려 준다.

오래전 내 수업을 듣고 미래의 삶을 함께 논의했던 저자는 자신의 세 딸에게 꿈을 찾아준 경험을 바탕으로 미래 세대 아이들에게 꼭 필요한 꿈을 가르치고 있다. 21세기 디지털 혁명으로 세상이 완전히 바뀌고 있는데 아직도 부모들은 아이들을 공부하는 기계로 키우려 한다. 아무리 달리기를 잘해도 자동차를 이길 수 없듯이, 더 이상 인간이 지식에서 인공지능을 갖춘 컴퓨터를 이길 수 없다. 이제는 꿈이 없는 공부 기계 아이들을 키울 것이 아니라 컴퓨터가 꾸지 못하는 꿈을 갖고 컴퓨터를 이길 수 있는 아이들을 키워내야 한다는 사실을 이 책을 통해 다시 한번 깨닫는다.

태재대학교 초대 총장, 고려대학교 19대 총장 ✦염재호

✧ 삶의 가치와 꿈을 좇는 삶을 살자 ✧

이 책과 저자를 소개하는 가장 적절한 말은 '체험적 삶의 고백이자 소명이 이끄는 삶의 실천'이다. 진로 과목, 진로 설계, 진로 멘토링 등 학교 교육 과정에 '진로' 교과가 들어온 지 15년이 지났다. 지금까지는 백화점식으로 모든 진로를 소개하면 학생들이 그중에 관심 있는 분야를 찾아보고 선택하여 결정하는 식이었다. 학교는 진로를 정리하고 소개하는 것으로 할 바를 다했고, 학생들은 수많은 정보를 소개 받았다. 하지만 제도권의 교육이 학생들에게 삶의 우선순위와 가치를 생각하며 자아실현을 이루고 꿈을 찾아가는 보람 있는 삶으로 이어지지는 못했다는 아쉬움이 크다. 꿈을 찾아가는 학생들도 많이 있었지만, 단편적이며 물질 중심적이고 다소 허상을 추구하고 있다는 아쉬움을 지울 수 없다.

이 책은 학문과 꿈을 좇았던 학창 시절을 보내고 국내 최고의 대기업에서 근무한 후, 이제는 소명에 따라 학교를 설계한 그의 마음속에 담아 둔 교육 철학과 비전을 그대로 녹여낸 삶의 고백서이자 외침이다. 바라건대, 지금 이 시대를 사는 청소년들이 이 책을 통해 윌리엄 고든William Gorden이 이야기했던 '남김없이No reserve, 주저함 없이No retreat, 후회 없이No regret' 추구할 수 있는 삶의 가치를 발견하기를 소망한다.

안양여자고등학교 교장 ✦ 김성우

프롤로그

삼성전자에서 근무할 때 중고등학교 학생들을 회사로 초청해 진로 멘토링 Mentoring을 해주는 〈꿈 멘토링〉이라는 프로그램이 있었다. 회사 입장에서는 학생들에게 회사를 알릴 수 있고, 학생들은 입사 준비를 어떻게 하면 되는지, 회사 분위기는 어떤지를 물어볼 수 있는 나름 서로에게 좋은 기회이다.

세 딸의 아빠로서 청소년 교육에 관심이 많았던 나는 당시에 아무리 회사 일이 바빠도 〈꿈 멘토링〉에는 꼭 참여했다. 그리고 그곳에서 만난 학생들에게 항상 이런 질문을 던졌다.

"꿈이 뭐예요?"

하지만 이 질문에 바로 답하는 학생은 거의 없었다. 대부분은 이렇게 대답했다.

"꿈이요? 글쎄요……."

"저는 꿈 그런 거 없어요."

"제가 뭘 좋아하는지 잘 모르겠어요."

사실 이 시대 청소년은 자신이 무엇을 좋아하는지, 무엇을 하고 싶은지 잘 모른 채 살아가는 경우가 대부분이다. 학교와 학원을 오가는 반복되는 일상에서 현재를 살아가기에도 바쁘며, 시험 성적을 높이기 위해 열심히 정보를 받아들이다 보면 하루가 후딱 지나가니 생각할 시간이 없는 게 당연하다. 지금의 교육 환경이 예전보다 훨씬 좋아졌다고는 하지만, 오로지 시험 점수에 맞춰 대학과 전공이 정해지는 방식은 20~30년 전이나 지금이나 달라진 게 별로 없다.

하지만 세상은 무섭게 빠른 속도로 변하고 있다. 교육 환경은 그대로인데 우리는 앞으로 과거와는 전혀 다른 세상을 살아가야 한다. 지금은 온라인과 오프라인이 융합된 세상이다. '코로나19'는 그 속도를 더 당겨 놓았고, 온라인의 가속화는 우리 삶 속에 메타버스 Metaverse 세상을 확산시켰다. 학교를 다녀와 온라인 세계에서 친구들과 자연스럽게 다시 만나고, 궁금한 게 있으면 구글이나 챗GPT ChatGPT를 연다. 생성형 AI인 챗GPT는 화도 내지 않고 잔소리도 안 할 뿐만 아니라 묻기만 하면 부모님이나 선생님보다 훨씬 더 풍성한 지식을 즉시 답변해 준다. 집 안에 혼자 있어도 전혀 불편하지 않은 세상이다. 오히려 온라인 세계에서 배우는 것이 더 많으니, 과거와 같은 잣대로 평가할 수 없다.

지금은 자신이 좋아하는 길을 찾고 그 꿈을 이루는 삶을 당당하게 사는 시대다. 자신이 좋아하는 것을 찾아서 사는 이들은 공부도 필요한 것만 골라서 하며, 결과물도 더 뛰어나다. 글로벌 기업인 테슬라, 애플, 구글 등은 면접 때 4년제 대학 졸업장을 요구하지 않는다. 학력에 상관없이 성과를 내는 사람이면 입사가 된다.

내가 청소년의 꿈과 비전 그리고 진로에 관심을 두게 된 계기는 사실 나 자신이었다. 대학원을 졸업하고 남들이 부러워하는 회사에 입사해 해외 주재원까지 했지만, 업무가 내 적성에 잘 맞지 않았다. 현실적인 판단으로 해야 하는 일과 내 적성에 맞는 것의 차이가 상당하다는 것을 뒤늦게 알게 되었다.

고민 끝에 1년간 휴직을 했다. 그러자 그동안 바쁜 회사 생활 속에서 잘 인식하지 못했던 우리 아이들의 교육 현실이 눈에 들어왔다. 친구들과 열심히 노느라 성적이 좋지 않다는 사실보다 더욱 안타까웠던 것은 꿈이 없다는 것이었다. 그건 우리나라 대부분 중고등학생의 현실이었다. 우리 아이들은 꿈보다 현실적이고 안정적인 길을 선호했던 기성세대처럼 살게 하고 싶지 않았다. 어떻게 하면 아이들에게 꿈을 심어줄 것인가를 고민하다가 교육연구소 〈꿈을 찾는 아카데미〉를 설립했다. 앞 글자만 따면 '꿈찾아'다.

그때부터 자녀 교육과 청소년 진로 관련 책을 집중적으로 사서 읽었다. 집 근처에 있는 지역 도서관도 활용했다. 동시에 아이들에게 꿈을 심어 주고 자신이 좋아하는 길을 찾을 수 있도록 국내외 테마 여행, 신문을 활용한 NIE Newspaper in Education 교육, 논어 인문학 강의 등을 딸들에게 직접 했다. 매주 토요일 저녁에는 집에서 '무비데이 Movie-day'를 진행하고 영화를 통해 얻은 것과 느낀 것을 토론하는 시간을 가졌다. 무엇보다 아이들에게 생각하는 힘을 길러 주려고 애를 썼다.

아이들의 세계관을 넓히고 꿈과 비전을 심어 주기 위해 미국 비전캠프를 기획하고 진행했다. '꿈찾아 비전캠프'라고 이름 붙인 이 캠프는 인생의 비전을 심어 주고 동기를 유발하는 프로그램, 대자연을 체험하며 호연지기를 몸으로 체험하는 시간, 주요 대학 탐방, IT 트렌드와 시대를 관통하는 비전 특강과 역사 교육 및 테마 수업 등을 콘텐츠로 했다.

몇 차례 우리 가족 비전캠프를 진행하며 아이들의 꿈과 비전을 부모도 정확히 알고 있어야 시행착오도 줄이고 행복한 진로를 찾을 수 있다는 생각이 들었다. 그래서 2019년 여름, 비전캠프 테마를 '엄마와 함께하는 꿈찾아 미국 비전캠프'라고 이름 짓고 몇몇 가족을 모아 캠프를 떠났다.

당시 초등학교 5학년, 6학년이던 두 딸과 엄마가 참여한 가족이 기억에 남는다. 그 엄마는 두 딸에게 꿈을 심어 주고 싶어 함께 비전캠프에 참여했다. 캠프에 참여한 큰아이는 국제기구에서 일하고 싶다는 꿈을 품게 되었다. 그 꿈이 동기부여가 되어 중학교에 올라가자마자 스스로 공부에 집중했다. 결국 학교에서 최상위 성적을 받았으며, 2023년 외고에 합격했다. 외고에서 첫 모의고사 결과는 전교 1등이었다.

이 가정에 생각지도 못한 열매가 있었다. 바로 아이들의 아빠가 아내와 딸들의 놀라운 변화를 보면서 본인의 옛꿈을 떠올렸던 것이다. 아빠는 삼성전자 수석 엔지니어로 일하고 있지만, 사실 그림과 디자인에 재능이 있었다. 아내의 권유와 꿈을 향한 의지로 어느 날 학원에 등록하더니 3D 프린터 디자인을 공부하며 작품을 만들기 시작했다. 이어서 그는 성경을 주제로 3D 작품을 만들어 '테마 바이블 뮤지엄 Theme Bible Museum'을 세우겠다는 목표를 세웠고, 그 꿈은 아직도 진행형이다.

내 아이들도 비전캠프의 열매들이다. 역사를 좋아하던 큰딸은 자신의 꿈을 찾아 고등학교 2학년 2학기 때 공교육을 과감히 그만두었다. 1년간 준비하고 유학을 떠나 자기주도학습을 통해 스스로 공부하였고, 대학 성적 상위 10%만 가입이 가능한 '아카데믹 아너 소사이어티 Academic honor society'인 파이 베타 카파 Phi Beta Kappa 회원이 되었다. 친구가 세상의 전부였던 당시 중학교 2학년 둘째 딸도 자신이 원하던 마케팅 전공으로 경영대학에 입학했으며, 약 2억 원의 부총장 성적장학금을 받았다. 아이들이 꿈을 꾸기 시작하니 부모가 강요하지 않아도 스스로 길을 찾아 무럭무럭 성장한다. 부모는 그런 아이들의 놀라운 능력에 응원과 격려만 하면 된다.

인간은 꿈을 꾸어야 희망이 생기는 존재다. 그 꿈은 내가 좋아하는 것과 연결될 때 가장 행복하다. 일생을 행복하게 살려면 자신의 꿈과 직업이 일치하는 삶을 살면 된다. 그러한 꿈이 있으려면 먼저 나를 잘 알아야 한다. 그러기 위해서 신이 나에게만 특별히 주신 재능Talent을 발견해야 한다. 세상의 모든 사람은 반드시 자신만의 특별한 재능이 있으며, 재능이 있는 분야에 마음이 가기 마련이다. 나도 모르게 마음이 끌리고 좋아하는 그것이 바로 재능이자 나만의 콘텐츠가 된다. 제4차 산업혁명 시대이자 인공지능 시대인 지금은 바로 그 나만의 콘텐츠가 꿈의 열매이자 경제의 원동력이다.

나는 다음 세대 교육에 집중하기 위해 20년 넘게 다녔던 회사를 뒤로하고 인공지능과 코딩을 메인으로 공부하는 IT 혁신 기독대안학교 교감이 되었다. 교육의 최전선인 학교에 와서 보니 우리나라에 대안학교가 왜 필요한지, 왜 대안학교의 수가 점점 늘어나는지를 절실히 깨달았다. 그래서 이제 한 걸음 더 나아가 교육의 본질적인 목적인 자신의 정체성과 꿈을 찾는 데 집중하는 기독대안학교인 '루아흐 비전스쿨'을 설립하였고, 현재 교육부 교육정책 자문위원으로 활동하며 우리나라 교육에 도움이 되고자 힘쓰고 있다. 기술이 빠르게 발전할수록 교육의 본질이 더욱 중요해진다. 결과보다 과정이 중요하고, 궁극적으로는 그 과정을 만들어 나갈 '사람'이 가장 중요하다.

이 책의 뒷부분에 가정과 학교, 회사, 교회, 교육기관이나 지역 도서관 등에서 직접 진행하고 좋은 효과를 냈던 교육 프로젝트들을 따로 모아 부록으로 엮었다. 각자의 상황에 맞게 적절히 활용하면 분명히 꿈을 찾는 데 많은 도움이 될 것이다.

나는 항상 자신에게 질문해 본다. '10년 뒤 나는 어떤 일을 하고 있을까?' 아마도 대안학교 학생들을 데리고 해외 비전캠프를 진행하고 있을 것이다. 학생들은 자신의 꿈을 발견하고 꿈을 찾는 도전을 실천하며 인생을 행복하게 살아가는 방법을 배울 것이고, 나는 학생들을 코칭하며 그들이 글로벌 리더로서 세상에 공헌하며 보람되고 행복한 삶을 사는 모습을 바라보고 있을 것이다. 사실 우리 인생의 모든 과정이 바로 '꿈을 찾는 아카데미'다.

이 책이 자신의 꿈을 발견하여 행복하게 살고 싶은 청소년들에게 꿈과 비전 그리고 재능을 찾는 데 많은 도움을 주는 한 알의 밀알이 되기를 진심으로 바란다.

☆ 꿈찾아 비전코치
김남수

✦ 목차 ✦

Chapter 1 ✦ 꿈을 찾기 힘든 우리의 교육 현실

Chapter 2 ✦ 꿈을 막는 장애물 뛰어넘기

Chapter 3 ✦ 미래를 위한 완벽한 진로 탐색

Chapter 4 ✦ 꿈을 이루기 위해 가야 할 길

Chapter 5 ✦ 꿈과 비전을 찾는 방법

Chapter 6 ✦ 꿈을 위한 끝없는 도전
학부모에게 함께 전하고 싶은 말

"당신이 생각하는 대로 살지 않으면
머지않아 당신은 사는 대로
생각하게 될 것이다."

— 폴 부르제 Paul Bourget —

Chapter 1

꿈을 찾기 힘든 우리의 교육 현실

학교 가는 시간이 아까울 때

고등학교 1학년 학생에게 개인 진로 코칭을 할 때다. 학생은 나에게 이렇게 말했다.

"선생님, 학교 가는 시간이 아까워요."

왜 그런지 이유를 물어보았더니 이렇게 대답했다.

"학교에 가면 하기 싫은 과목을 억지로 공부해야 하고, 수업을 들어도 사실 내용이 잘 이해가 안 돼요."

그래서 다시 질문했다.

"너는 꿈이 뭐니?"

"저는 연기자가 되고 싶어요."

"연기자가 되기 위해서 어떤 것을 하고 있어?"

"매주 월, 수, 금 연기 학원에 다니고 있어요."

"그러면 연기자가 되고는 싶은데 학교 공부는 하기 싫다는 거지?"

"모든 과목이 다 싫지는 않아요. 무엇보다 영어가 재미없어요. 노력해 봐도 단어가 잘 안 외워지고, 그냥 다른 애들 들러리 하는 것 같아서 싫어요. 물론 그 어떤 것보다 연기가 제일 재미있어요."

영어 이야기를 할 때는 인상이 어둡더니 연기 이야기를 할 때는 눈빛이 초롱초롱 빛나는 것이 내 눈에 보였다.

"그렇구나, 내가 보니 너는 연기가 확실히 너의 길인 것 같은데? 연기 얘기할 때 얼굴이 제일 밝아."

"정말이요? 저는 연기가 제일 좋아요. 학교는 그만 다니고 연기만 하면 좋겠어요."

"우리나라에서 제일 좋아하는 연기자가 누구야?"

"OO 배우와 OO 배우요. 드라마에서 봤던 고뇌에 찬 그 한 장면을 보고서 처음으로 배우가 돼야겠다고 마음먹었어요."

"그래? 그분들 모두 대학에서 연기를 전공한 걸로 아는데? 너는 대학에 안 가고 바로 연기자가 되고 싶은 거야?"

"사실 대학은 가고 싶어요. 연기를 전공하면 많이 배울 수 있을 것 같아요."

"그래, 대학생이 되는 것이 중요한 게 아니고 대학에 왜 가야 하는지, 무엇을 공부해야 하는지를 아는 게 더 중요하지. 그렇지 않으면 시간과 학비만 낭비하게 되거든. 이제 학교생활은 어떻게 할 생각이야?"

"음, 연기를 전공하기 위해 대학에 가기로 마음을 먹었으니까, 일단 연기 학원에 열심히 다니면서 학교 공부도 다시 열심히 해볼 생각이에요."

"내가 제안을 하나 할까? '연기 노트'를 하나 마련해서 하이틴 드라마를 볼 때마다 이번 드라마에서 네가 배운 것들을 기록해 봐. 예를 들어, '이런 장면에서는 이런 표정을 지었다'던가, '이런 상황에서는 이렇게 말했다' 같은 것을 말이야. 이러한 연기 노트가 쌓이면 너의 연기력도 더 좋아질 기고,

무엇보다 나중에 연기 전공으로 대학에 진학할 때 분명 다른 학생들과 차별화가 되는 최고의 포트폴리오가 될 거라고 생각해."

"감사합니다, 선생님. 한번 시작해 볼게요."

학생이 환한 얼굴로 집으로 돌아갔다. 분명히 학교생활을 전보다는 즐겁게 할 것이라 생각한다. 자신이 하고 싶은 것을 찾지 못해서, 왜 해야 하는지를 깨닫지 못해서 학교에 가는 시간이 아깝다고 생각하는 학생들이 의외로 많다. 그런데 학교에 가는 것을 아까워하는 사람은 비단 학생만이 아니다.

한 대안학교 설립자에게 직접 들은 얘기다. 학교에 찾아온 한 학부모가 입학 상담을 했다. 자녀가 초등학생인데 공립 학교에 가는 시간이 너무 아깝다는 것이다. 그래서 IT 기술과 코딩을 집중적으로 가르치는 대안학교에서 공부를 시키고 싶은데 조건이 하나 있다고 했다. 졸업할 때 서울대나 MIT 입학이 가능하게 해 달라는 요청이었다. 그래서 그가 학부모에게 질문했다.

"아이가 공립 학교에 가는 시간이 왜 아까우세요?"

학부모는 이렇게 대답했다.

"학교에서 배우는 게 없잖아요. 어차피 영어, 수학은 다 학원에서 배워요. 이미 초등학교 졸업 전에 중고등학교 수학을 다 떼고 가는데 학교에서는 그 시간에 이미 다 배운 수업을 들어야 하잖아요. 시간이 너무 아까워요. 학원에서 수학이랑 영어는 알아서 다 공부할 수 있으니 차라리 그 시간에 여기에서 대학 진학에 도움 되는 코딩 수업을 배워서 명문대에 가는 게 나을 거 같아요."

학부모는 어차피 아이가 학원에서 실제 해야 할 공부를 다 배우니 굳이 학교에 갈 이유가 없다고 생각한 것이다. 요즘 몇몇 학부모들은 이런 효율적인 생각을 한다. 그런데 문제는 그 목적이다.

이 학부모는 자녀의 적성을 살리기 위해 대안학교를 찾은 게 아니라, 자녀가 명문대에 입학해야 하는데 학교에서 허비하는 시간이 아까워서 대안학교를 찾았다. 즉 대안학교를 찾은 목적이 서울대나 MIT 입학에 있었다.

과연 학교 교육의 가치를 효율성으로 평가할 수 있을까? 사람을 사람답게 하는 전인교육은 어디로 갔을까? 이 학생은 성적이 좋았지만, 결국 선발되지 않았다. 대안학교에 면담을 올 정도면 이 학생의 부모는 자녀의 미래를 위해 나름대로 많이 고민하고 찾아왔을 것이다. 자녀를 향한 열정은 뜨거운 박수를 받을 만하다. 그러나 그것이 자녀를 위한 올바른 고민인지, 아니면 결국 학부모 자신의 목적을 위한 것인지는 분명히 생각해 볼 필요가 있다.

경쟁이 점점 치열해지다 보니 원하는 대학에 가기 위한 사교육 선행학습 수준이 점점 더 올라간다. 그로 인해 학생들의 학습 수준은 점차 높아져 변별력을 주기 위해 시험문제는 더더욱 어려워진다. 대학은 과거보다 더 서열화되어 좋은 학교에는 학생들이 몰리고, 그렇지 않은 학교들은 학생이 없어서 폐교를 하는 상황이다.

선행학습이 당연한 강남의 한 초등학교에서는 아이가 수학 문제를 못 풀었더니 선생님이 "너 학원 안 다니니?"라고 물어봤다고 한다. 이럴 바에 학교가 왜 존재하는지 궁금하다. 초등학생 선행학습의 편차가 너무 큰 지금의 환경이 우리나라 교육이 처한 가장 큰 구조적인 문제겠지만, 학생이 학원에 다니든 안 다니든 문제를 못 풀었다고 선생님의 첫마디에 학원 안 다니느냐고 물었다는 것은 분명 문제가 있다.

너도나도 다 학원을 다니며 선행학습을 하다 보니 선생님 입장에서는 아이들이 그 학년에 배워야 할 수준의 문제를 미리 다 알고 있다고 생각할 수밖에 없겠다는 생각도 든다. 하지만 나는 이렇게 배우는 아이들이 진정 행복한지 정말 궁금하다. 배움 자체보다는 경쟁 속에서 남을 이기는 짜릿한 감각만을 배우지 않겠는가?

간혹 미디어를 보면 세상을 인생학교로 여기고 가족과 함께 전 세계를 여행하는 사람들이 있다. 그들은 전 세계를 온몸으로 부딪혀 경험하며 인생 공부를 한다. 공영방송에 나온 한 한국인 가족은 남미, 미국, 중국, 일본을 거쳐 현재는 독일에서 4년째 살고 있다고 한다. 아이들은 6개 국어를 구사하는데, 독일의 한 고등학교 학생회 부회장인 아들은 세계를 직접 체험하게 해준 엄마 아빠에게 감사하다는 말을 전했다. 그는 한국 식당에서 아르바이트를 하는데 주인이 이 학생을 애지중지한다. 어떤 나라 손님이 와도 그 나라 말로 다 응대할 수 있기 때문이다. 이 가족에게는 세상이 학교다.

이들을 보며 생각했던 인생 학교 스케줄이 있다. 다름 아닌 '총 1년간 다른 나라에서 한 달 살기'다. 우리가 여행지에 머무는 시간은 보통 하루나 이틀이고 길어야 3~4일이다. 하지만 한 달쯤 살아보면 스쳐 지나갈 때는 몰랐던 그 나라의 문화, 음식, 의복, 날씨 등을 훨씬 깊이 있게 알게 된다. 청

> ### ✅ 한 달 살기를 위한 세계 여행지 리스트
>
> 브라질(삼바 축제) | 페루(잉카 제국) | 미국(횡단 여행) | 호주 (비비드시드니 축제) | 프랑스(프랑스대혁명 축제) | 영국(에딘버러 축제) 스위스 | 독일(옥토버페스트) | 스페인(산티아고 순례길) 이스라엘(유월절) | 남아공(케이프타운 민스트럴 카니발)

소년기에 겪는 이런 경험은 세계관이 넓어지고 인생을 깊고 풍요롭게 만들어 주는 바탕이 된다.

앞의 리스트는 그 나라에서 가장 유명한 축제나 세계 유산을 갖춘 곳을 위주로 선정했다. 체류 기간은 반드시 30일을 채울 필요는 없으며, 어떤 곳은 20일이 될 수도 있고, 어떤 곳은 40일이 될 수도 있다. 축제를 꼭 즐기려고 간다기보다는 그 나라에서 가장 유명한 축제를 통해 그 나라의 문화와 역사를 정확하게 엿볼 수 있으니 되도록 그 기간을 활용한다. 남은 기간에는 어느 한 도시에 머물러서 살아보거나, 몇 개 도시를 다니며 나라를 훑어볼 수도 있다.

여행은 직접적인 경험이고 살아 있는 교육이다. 할 수만 있다면 '해외에서 한 달 살기'는 청소년들의 인생을 지금보다 훨씬 풍요롭고 지혜롭게 만들어 줄 것이다. 인생에서 자신의 꿈과 비전을 찾아가는 모든 경험과 시간은 다 가치 있고 의미가 있다고 생각한다. 특히 청소년 시기는 아직 자신만의 길을 찾지 못한 상태이고, 자신의 기질과 성격과 재능을 찾아가는 과정에 있기 때문에 어떤 과정은 가치가 있고 어떤 과정은 가치가 없다고 무 자르듯 말할 수 없다.

모차르트처럼 어릴 때부터 특별한 재능을 드러내지 않는 이상 우리는 어린 나이에 자신의 모든 것을 파악할 수 없다. 살면서 조금씩 보이는 자기 모습과 행동, 말과 습관 및 관심사를 통해서 조금씩 나를 알아갈 뿐이다. 그러니 청소년 시기에는 오직 명문대학만 바라보느라 자신의 적성에 맞지도, 원하지도 않는 것을 억지로 하며 보내기보다는 그 나이에 필요한 다양한 경험과 체험에 집중하는 시간이 필요하다.

서울대 A⁺보다 인생 A⁺를 찾자

2015년 12월 14일 EBS는 다큐프라임 6부작 〈시험〉을 방영했다. 이 중 제 4부는 '서울대 A+의 조건'이라는 주제로 학점이 높은 학생과 낮은 학생의 학습법에 관한 내용이었다. 서울대학교 교수학습개발센터 이혜정 교수는 'SNU 베스트 러너 프로젝트 SNU Best learner project'를 통해 두 학기 연속으로 성적이 4.0을 넘은 서울대학교 학생 46명을 대상으로 공부 방법과 학점의 상관관계를 연구했다. 이 프로젝트를 기반으로 하여 대상 학생을 1,213명으로 확대하여 연구한 내용을 방송에 담았다.

학생들은 공통으로 요점 정리나 키워드 수준이 아니라 '교수님의 강의 내용을 한 마디도 빼놓지 않고 문장의 형태로 적어야 한다'라고 답했는데, 특히 학점이 높은 학생일수록 '수업 시간에 교수님이 설명하는 모든 내용을 필기한다'라는 응답 비율이 높았다.

이 방송은 나에게 정말 충격적으로 다가왔다. 30년 전이나 지금이나 '왜 공부하는지'보다 '어떻게 좋은 점수를 따는지'가 초등학교에서부터 대학교까지 이어지고 있기 때문이다. 정말 서글픈 교육 현실이다. 우리나라에서 가장 우수하다고 평가받는 서울대에서도 그 방법은 동일하다. 교수의 지식 전달이라는 일방통행 수업 방식과 평가 방식이 아직도 변하지 않았다. 이러한 우리나라 학생의 수업 방식과 득점 방식은 해외 유학을 가서도 그대로 적용된다.

2008년 발표된 컬럼비아대 김승기 박사의 논문에 따르면 1985년부터 2007년까지 아이비리그를 비롯해 스탠퍼드, UC 버클리 등 14개 미국 명문대학에 입학한 한인 학생 1,400명 중 학과 과정을 마치고 졸업한 학생은 56%인 784명에 불과한 것으로 나타났다. 나머지 학생은 중간에 학교를 그만두었다.

입학은 했지만 졸업을 하지 못하고 중도에 하차한 한인 학생 비율이 거의 절반 정도인 44%나 된다. 이 한인 학생들의 중퇴율은 같은 기간 미국 학생 전체 평균 중퇴율인 34%보다 훨씬 높았고 특히 중국, 인도 등 다른 민족에 비해서도 2~3배나 높았다. 중국인 학생 중퇴율은 25%, 인도인은 21.5%, 유대인은 12.5% 등으로 한국인 중퇴율에 비해 큰 폭으로 낮았다. 김승기 박사는 "한인 학부모의 지나친 입시 위주 교육 방식이 대학 생활과 미국 사회로 진출하는 데 오히려 걸림돌이 되고 있다"고 진단했다.

국내 명문대를 졸업하고 하버드로 유학을 간 친구의 딸이 한국과 같은 방식으로 시험 답안을 냈는데 'C'를 받았다고 한다. 교수님의 강의를 단어 하나 놓치지 않고 다 적어냈기에 교수님을 찾아가 이해할 수 없다는 표정으로 자신에게 'C'를 준 이유를 물었더니 교수님이 이렇게 답했다.

"학생 답안지에는 자기 생각이 전혀 없다. 내 강의는 인터넷에서도 무료로 들을 수 있다. 비싼 학비를 지불하고 수업을 통해 강의 내용만 알면 무슨 발전이 있겠는가? 중요한 것은 교수의 생각이 아닌 학생 자신만의 생각이다."

한국 유학생의 아이비리그 중퇴율이 절반에 가까운 이유는 어쩌면 너무나 당연한 결과인지도 모른다. 주입식으로 이루어진 입시 교육이 위주인 학교와 학원에서 창의적인 사고방식을 배우기는 힘들기 때문이다.

김승기 박사의 논문에 의하면 미국 대학 생활에서 필수 능력인 리더십에 대해서도 일반 미국 학생들은 공부와 기타 활동에 50%씩 균형 있게 투자하고 있는 반면, 한인 학생들은 대입을 위해 75%를 공부에 투자하고 25%를 봉사와 특별활동에 할애하는 것으로 나타났다. 한국 교육의 현실을 보면 나는 그 25%조차 진짜인지 의문이 든다. 솔직하게 학교와 학원에서 대부분 시간을 보내는 우리나라 학생들에게 특별활동이나 봉사활동 시간은 현실적으로 만들기 힘들다.

한 기사에 따르면 2021년 서울대 자퇴생은 330명이었는데, 이 중 86%가 자연계에서 의대와 약대로의 진학이 목적이었다. 2022년 7월 보건복지부에서 조사한 보건의료 인력 실태 조사에 따르면 조사된 의사들의 2020년 기준 소득은 2억 3,070만 원으로, 대기업 평균 3,070만 원의 3배에 달한다. 그러니 많은 학생이 의사가 되기를 꿈꾸고, 학교를 자퇴한 후 의대로 갔을 것이라는 분석이 나온다. 결국 서울대는 우리나라에서 연간 자퇴생이 가장 많은 학교가 되었다. 정말 기가 막힌 일이다. 남들은 못 들어가서 안달인 학교를 의대에 가겠다고 자퇴까지 하는 현실이 말이다.

〈U.S. News〉가 2021년 발표한 전 세계 대학 순위에서 서울대는 129위, 성균관대가 205위, 고려대가 264위를 차지했다. 글로벌 순위에서 아시아권 대학을 보면 중국의 칭화대가 28위, 베이징대가 51위, 싱가포르 국립대가

32위, 싱가포르 난양공대가 38위, 일본의 도쿄대가 73위, 홍콩대가 83위를 차지했다. 〈U.S. News〉의 평가 기준이 모든 면에서 정확하다고 볼 수는 없겠지만, 국내 1위 대학교가 글로벌 100위권 안에도 들지 못하는 것이 대한민국 대학 교육의 현주소다.

2021년 2월 1일 서울 주요 15개 대학이 교육통계서비스 및 대학 알리미에 최근 공시한 자료를 토대로 계열 단과대학별 2019년 졸업생(2018년 2월 및 8월 졸업자·본교 기준) 취업률을 조사한 결과를 보면, 15개 대학의 인문계열 취업률은 64.6% 수준으로 전체 취업률 69.5%에 비해 5.0% 낮고 공대(77.7%)와 비교하면 10% 넘게 차이가 난다. 성균관대와 고려대 인문 계열 취업률이 72.9%와 71.9%로 각각 1위와 2위를 차지한 가운데 3위 서울대가 70.7%, 연세대가 63.2%를 기록했고, 60% 미만의 취업률도 4개 학교나 있다.

그렇지 않아도 인문 계열 취업이 어려운 상황에서 코로나19는 2020년 취업 문을 더욱 닫아 버렸다. 공부가 적성에 맞고 그 분야가 자신의 길이어서 대학원에 진학하면 상관이 없겠지만, 점수에 맞춰 대학을 진학하고 졸업과 동시에 다른 길을 가려는 사람에게 국내 명문대학교 A+ 성적표와 졸업장이 더는 사회의 진출과 성공을 보장하지 못한다. 그런데도 왜 우리는 여전히 글로벌 100위 내에도 못 들어가는 대학에 들어가려고 그렇게 애를 쓰고 있는 걸까?

교수님의 수업을 토씨 하나 놓치지 않고 깨알같이 받아 적어야 A+를 받을 수 있다는 조건이 서울대에만 적용된다고 생각하지 않는다. 다른 학교들도 거의 다를 바 없을 것이다. 생각이 깨어 있는 교수들이 이런 점을 개선하려고 많이 노력하고 있지만, 아직도 많이 부족해 보인다.

그렇다면 우리가 진짜 A+를 받아야 할 분야는 무엇일까? 그것을 알리려면 스스로 질문을 던져야 한다. 어릴 때부터 '내가 진짜 받고 싶은 A+는 어떤 분야인가?', '나는 왜 이 분야에서 일하고 싶은가?' 하는 철학적 질문에 대해 답을 하는 훈련이 되어야 한다. 스스로 철학적 질문을 던지기는 어렵기 때문에 필요하다면 부모님과 선생님의 도움을 받아보자. 무엇보다 철학적 질문에 답을 하는 훈련은 일상에서 얼마든지 가능하다.

식사 시간을 통해

집에서 부모님과 식사를 할 때도 질문 훈련을 할 수 있다. 이때 부모님과 자유롭게 서로에게 질문을 한다. 예전에는 식사할 때 말하지 말고 조용히 밥만 먹으라고 했을 때도 있었다. 하지만 요즘은 가정에서 식사를 하며 서로 친근한 대화를 하는 게 흔한 풍경이다. 나 역시 집에서 식사 시간에 딸들에게 자주 질문한다. 인생을 살아가는 데 도움이 되는 철학적 질문에 대한 고민은 자신의 꿈과 비전을 불러일으키는 동력이 된다.

독서 훈련을 통해

집에서 좋은 책을 선정해 가족 모두 함께 읽고 거실에 둘러앉아 독서 토론을 해도 되고, 여의찮으면 집 인근 관공서에서 진행하는 독서 관련 프로그램을 활용해도 좋다.

특히 지역 도서관에서는 방학 때 독서 특강도 자주 열리고 토론 프로그램을 진행하기도 하므로 적극적으로 참여해 보자. 토론으로 소통하고 서로에게 질문을 하면서 또래 친구들의 나와 다른 생각을 배울 수 있다. 친구들과 협의해서 직접 팀을 꾸려 책을 읽고 토론하는 모임을 만드는 것도 좋은 생각이다. 돌아가면서 한 명씩 리더를 맡아 독서토론 모임을 이끌면 된다.

셋째, 학교 방과후 프로그램을 통해

학교에 독서 프로그램이 없으면 요청해서 만들 수도 있다. 선생님께 꿈과 비전을 찾아주는 테마로 토론 프로그램이 운영되면 좋겠다고 건의해 보자. 토론을 통해서 자신이 인생을 걸고 A+를 받고 싶은 분야를 찾아볼 수 있다.

자신의 적성에 맞아 삶을 행복하게 하는 분야를 찾으면 누가 시키지 않아도 알아서 공부한다. 설령 A+를 받지 못해도 실망하지 않는다. 스스로 최선을 다한 것을 알기 때문이다. 그러나 남에게 잘 보이기 위해서, 혹은 남보다 출세할 목적으로 A+를 받으려 했다면, 원하는 점수를 받지 못했을 때 좌절감을 느낀다.

우리 인생을 남과 비교할 필요는 없다. 다른 사람이 내 삶을 살아주는 것도 아니고, 내가 남의 삶을 살 수도 없으니 말이다.

'내가 진짜 받고 싶은 A+는 어떤 분야일까?'
'나는 그 분야에서 무엇을 배우고 싶은 것일까?'
'그 배움이 나에게 어떤 가치가 있을까?'
'그 가치에 내 인생을 걸 수 있을까?'

이 질문에 대해 스스로 솔직한 답을 찾는다면 나만의 인생 길을 걸어 나갈 수 있다. 그때부터는 진짜 내 인생을 A+로 만들 수 있다.

장래 희망이 희망으로만
끝나지 않는 방법

어린 시절 "커서 뭐가 되고 싶어?"라는 질문을 받을 때마다 나와 내 친구들은 대부분 대통령, 군인, 과학자에서 크게 벗어나지 않았다. 돌이켜보면 뭔가 대단한 직업을 말하고 싶은데 아는 직업이 별로 없었던 것 같다.

2021년 2월 24일 교육부와 한국직업능력개발원에서 발표한 '2020년 초중등 진로 교육 현황 조사 결과'에 따르면 초등학생이 원하는 직업 1위는 운동선수, 중학생과 고등학생이 원하는 직업 1위는 교사로 조사되었다. 2018년부터 2020년까지 초중고생의 장래 희망 1위는 변동이 없었지만, 초등학생은 유튜브의 등장으로 2018년부터는 유튜버 등 콘텐츠 크리에이터가 상위 5위 이내에 들었고, 프로게이머, 뷰티 디자이너, 웹툰 작가 등 현실 트렌드를 반영한 직업들이 초등학생을 중심으로 높은 선호도를 보이기 시작했다.

부모님이 전통적으로 좋아하는 직업인 의사는 여전히 높은 순위를 차지하지만, 고등학생이 되면 상위 10위권 밖으로 밀려난다(2020년에는 의사가 5위에 올라가 있는데, 이는 코로나19 팬데믹 Pandemic의 영향으로 본다). 판사, 변호사는 초등학생에서만 상위 10위 내에 들어간다. 전반적으로 보면 초등학생 희망 직업의 폭은 넓은 반면, 중고등학생이 되면 보다 현실적인 생각을 해서인지 훨씬 좁아진다.

해외의 장래 희망 설문조사를 찾아보면 재미있는 것들이 있다. 시장 조사 기관인 〈더 해리스 폴 The Harris Poll〉이 2019년 7월 15일 미국, 영국, 중국 3개국의 총 3,000명의 아이들을 대상으로 실시한 설문조사에서 아이들에게 우주비행사, 교사, 프로운동선수, 음악가, 유튜버 및 브이로거 총 다섯 가지 중에서 가장 선호하는 장래 희망을 물었다. 여기에는 우리나라 장래 희망 설문조사에서 등장하지 않았던 우주비행사가 눈에 띈다.

미국과 영국은 1위가 각각 29%, 30%로 유튜버인 반면, 중국은 1위가 56%로 우주비행사, 5위가 유튜버였다. 여전히 서양에서는 아이들이 유튜버를 선호하는 가운데 중국은 우주비행사가 1위다. 2019년 1월 3일 창어嫦娥 4호가 세계 최초로 달의 뒷면에 착륙했기에 시기적으로 중국 아이들이 우주비행사가 되겠다고 했는지도 모르겠다. 여하튼 이미 이 아이들의 머릿속에는 지구를 넘어 우주가 들어 있다. 미국에서는 상업용 우주여행 상품이 이미 현실화된 상황에서 우리나라는 2022년 시험용 달 궤도선을 쏘아 올려 궤도에 안착했고, 2023년 5월 21일 실전에서 우리나라 순수 기술로 개발한 누리호를 우주 궤도에 올려놓는 데 성공하여 세계 7대 우주 강국이 됐다. 미국이나 중국에 비해 많이 늦었지만 이제라도 반갑다.

만일 아이들이 생각하는 장래 희망이 아니라 부모님이 생각하는 자녀의 장래 희망을 조사하면 어떤 결과가 나올까? 우리나라에서 설문조사를 실시한다면 여전히 의사, 판사, 변호사, 공무원이 높은 순위를 차지할 수도 있겠다는 생각이 든다.

꿈은 직업이 아니다. 처음부터 꿈을 직업으로 무턱대고 연결시키지 말아야 한다. 넓은 범위의 꿈을 꾸다 보면 시간이 흐르면서 그 꿈을 이루기 위해 여러 가지 방법을 강구하게 되고, 점차 구체화되어 최종 직업까지 연결되기 때문이다.

'누군가를 도와주며 사는 삶'을 장래 희망으로 삼는다면 사회적인 약자를 돕는 재단을 세워 이사장이 될 수도 있고, 아픈 사람을 치료하고 돕는 의사가 될 수도 있으며, 사회복지사가 되어 직접 현장에서 사람들을 돕는 삶을 살 수도 있다. 범위를 국내에서 전 세계로 넓히면 글로벌 재단을 세울 수도 있고, 다국적 기업의 CEO가 되어 어려운 사람을 위해 큰 기부를 할 수도 있다. 자신에게 기업을 운영하는 재능이 있다면 기업의 CEO가 되는 길을 찾아가게 될 것이고, 외국어를 잘한다면 전 세계를 돌아다니는 또 다른 길에 도전할 수 있다.

다른 사람에 의해 주입된 꿈은 진짜 내 꿈이 아니다. 부모님의 장래 희망이 자신의 장래 희망과 항상 일치하는 것은 아니다. 그러니 부모님의 희망을 자신의 것으로 착각하지 말아야 한다. 꿈이 없거나 꿈을 아직 모른다면 꿈을 찾으면 되지만, 타의에 의해 주입된 꿈은 스스로 바꾸지 않으면 결국 불행한 삶을 야기한다.

자신이 꿈꾸는 장래 희망을 현실화하는 가장 효과적인 방법이 하나 있다. 꿈 지도를 만들어서 자신의 꿈을 글로 적거나 그림이나 사진으로 시각화하여 입으로 날마다 선포하는 것이다. '꿈 지도 만들기'는 179쪽에 구체적인 설명이 있다. 이 프로그램은 수년 동안 우리 가족을 비롯해 학교, 교회 및 여러 장소에서 직접 진행했으며, 대개 그해 말에는 80% 이상의 성공률을 보였다.

어릴 때부터 자신의 꿈을 작성해서 발표하는 시간을 갖다 보면 머릿속에도 각인이 되고, 실제 현실화하기 위한 행동들이 구체화된다. 내 꿈은 과학자라고 말해 놓고 마음속으로는 '이게 가능성이 있을까?' 하고 넘기는 것이 아니라 과학자가 되기 위한 실제 행동을 하기 시작하기 때문이다. 장래 희망은 단순히 희망으로만 끝나서는 안 된다. 우리가 어떻게 하느냐에 따라 현실이 될 수 있다.

장래 희망을 실현하기 위해 지금 해야 할 일은 바로 오늘 내가 할 수 있는 일을 시작하는 것이다. 옛말에 '티끌 모아 태산'이라고 했다. 작은 것부터 시작하면 그것이 쌓여서 커다란 열매를 맺는다. 오늘부터 한 걸음을 떼자. 지금 당장 할 일을 적어 보자. 그리고 실천하자.

코끼리 발목의 밧줄을 끊어라

코끼리 쇼로 유명한 태국에서는 코끼리가 태어나면 발목에 굵은 밧줄을 걸어 말뚝에 묶어 둔다. 새끼 코끼리는 발목의 밧줄이 불편해서 이리저리 당기며 벗으려 애를 쓰지만 발목을 조일 뿐 벗겨지지 않는다. 아무리 해도 밧줄이 벗어지지 않는다는 것을 인식하는 순간 새끼 코끼리는 밧줄을 벗으려는 행동을 더 이상 하지 않는다. 밧줄을 마치 자기 몸의 일부인 것으로 받아들이기 때문이다.

이때 주인은 새끼 코끼리 발목의 굵은 밧줄을 얇은 줄로 바꿔 걸어 놓는다. 심지어 이 얇은 줄은 말뚝에 묶어 두지도 않는다. 그러나 새끼 코끼리는 주인이 자신을 이끌고 가지 않는 한 자기 자리를 절대로 벗어나지 않는다. 말뚝에 묶여 있던 그 장소가 자신이 살아야 할 곳이라는 사고의 틀이 형성된 것이다.

우리 사고의 틀도 이와 같다. 한국전쟁을 거쳐 폐허가 된 이 나라에서 우리 할아버지, 아버지 세대는 먹고 살기 위해 앞만 보고 달려왔다. 다른 사람들보다 출세해야 배고픔에서 더 빨리 벗어날 수 있다는 생각에 어떻게 해서든 자녀를 공부시켜서 사회적으로 높은 지위를 얻는 데 최선을 다했다. 나라가 워낙 아무것도 없는 상태였기 때문에 어떤 분야이든 하는 것마다 성장하던 시기였다. 그래서 그들은 이 나라의 경제 사회의 리더가 되어 사회적으로도 존경받고 경제적으로도 풍요로워졌다.

이런 환경은 사람들에게 판검사, 의사가 되어야 부자가 되고 출세한다는 사고의 틀을 만들어 놓았다. 우리나라가 놀라운 경제 발전을 이룩하던 70~80년대에 이 사고의 틀은 더욱 단단하게 굳어졌다. 결혼도 학벌을 따져 전략적으로 결정하는 모습들이 심심치 않게 나타났다. 재벌은 재벌끼리 자녀를 결혼시켜 부와 명예를 대대손손 이어갔고, 정치권력을 얻은 사람들은 그들대로 최신 정보를 이용해서 부를 급격하게 늘려갔다.

그러던 중에 IMF 사태가 발생했고 사람들은 평생직장으로 여겼던 직장에서 자신의 의사와 상관없이 퇴직해야만 했다. 그런 쓰라린 경험을 통해 예전 사고의 틀이 조금씩 무너지기 시작했다. 미국의 리먼 브라더스 Lehman Brothers Holdings 금융 위기를 겪으며, 기업은 공개적으로 명예퇴직을 실시했다. 이제는 평생직장 개념이 거의 사라졌다.

그러나 이런 사회적 과도기에서조차 기성세대인 부모들은 여전히 자녀에게 코끼리 발목의 밧줄을 계속 걸어 주려 한다. 빠른 변화 속에서 아이들에게 어떤 교육이 필요한지 모르기 때문이기도 하고, 자기 사고의 틀이 아직도 유효하다고 생각하기 때문이기도 하다. 이런 점은 부모도 깊이 생각해야 할 문제이지만, 세상을 살아갈 우리가 직접 고민하고 질문하며 깨달아야 할 부분이다.

'지금까지 인식하지 못했으나 내 발목에 걸려 있는 코끼리 밧줄은 무엇일

까? 명문대일까? 대기업일까? 아니면 명예나 권력일까? 그것도 아니면 부모의 체면일까?'

이제 우리는 스스로 밧줄을 풀어야 한다. 아무리 강하게 매어진 밧줄이라도 스스로 벗어나려고 노력한다면 언젠가는 풀리기 마련이다. 그래야 꿈을 찾을 수 있고, 꿈을 찾아 나아갈 수 있으며 행복한 삶이라는 열매를 얻을 수 있다. 그렇다면 어떻게 해야 자기 발목에 매인 코끼리 밧줄을 풀 수 있을까?

첫째, 우리가 처한 사회환경을 인식한다

현재 우리나라 대학 입학률은 70% 정도다. 그런데 실제 직업 현장에서 대학 졸업장이 필요한 비율은 40%에 불과하다. 30%는 졸업장을 따도 같은 수준의 직장을 구할 수 없다. 그렇다면 '대학을 왜 무조건 가야 하지?'라는 의구심이 저절로 들기 시작한다. 테슬라의 CEO 일론 머스크 Elon Musk는 면접 때 4년제 대학 졸업장을 요구하지 않는 대신 그 사람이 인생에서 가장 어려운 일을 어떻게 헤쳐 나갔는지에 대한 내용을 듣는 면접을 7시간 동안 진행한다. 졸업장이 아니라 문제해결 능력을 본다는 뜻이다. 여전히 취업에 4년제 대학 졸업장이 필요한지, 아니면 어떠한 실력을 갖춰야 세상을 이끌어 갈 수 있는지 진지하게 고민해 봐야 한다.

둘째, 사회를 이끌어 가는 기술 트렌드를 인식한다

선배에게 열심히 배웠지만 빠르게 역사의 뒤안길로 사라지는 기술이라면 배워도 쓸 데가 없다. 이제는 코딩, 인공지능, 빅데이터를 분석하고 활용하여 결과물을 내는 능력이 필요한 시대다. 2022년 11월에 나온 대화형 인공지능 챗GPT가 전 세계를 순식간에 집어삼키는 중이다. 출시 3개월 만에 전 세계 가입자가 3억 명이 넘었고 월 사용자가 1억 5,000만 명에 달한다. 챗GPT는 미국 로스쿨 시험 및 의사 시험을 통과했고, 학위 논문도 바로 작성한다. 대화가 워낙 자연스럽고 답변 내용이 정확하여 극단적이긴 하지만 구글이 사라질 거라는 의견도 나온다(그래서 구글은 급히 Bard를 개발했다). 이런 기술 트렌드의 흐름을 본다면 앞으로는 학교 브랜드보다는 세부 전공을 더욱 신중하게 선택해야 한다.

셋째, 자신의 재능과 관심을 정확히 인식한다

자신의 재능과 관심은 꿈과 비전이 직결되는 부분이며 미래와 연결된다. 기술 분야에 관심이나 재능이 전혀 없는데도, 현재 기술 트렌드만 보고 무조건 진로를 결정한다면 좋은 결과물이 나오기 어렵다. 억지로 해 봐야 인생의 귀한 시간만 허비할 뿐이다. 우리는 세상의 흐름이 어떠한지를 알아가면서 궁극적으로 그것이 자신의 재능과 관심 그리고 꿈과 어떻게 연결될 수 있는지를 알아가는 것이 중요하다. 그래야 자기 발목에서 코끼리 밧줄을 풀고 고정된 사고의 틀을 깰 수 있다.

코끼리 발목의 밧줄을 벗기기 위해 나는 '비전 특강'이라는 이름으로 진로 특강을 한다. 대학교와 중고등학교, 교회 청소년부나 청년부 등을 찾아다니며 현재 기술 트렌드가 어떻게 흘러가고 있고, 미래가 어떻게 변화될지 알려준다. 그러나 기술의 빠른 변화를 파악하는 것에 초점을 두기보다는 학생들에게 자신의 현재 상태를 직시하고 미래를 준비하라는 동기부여에 초점을 둔다.

학교에서도 학생들과 수시로 진로 상담을 진행하고, 3개월에 한 번씩 비전 특강을 진행했다. 학생들의 정보는 학교 인트라넷에 업데이트되어 모든 선생님이 공유한다. 그러면 개개인의 장단점을 파악할 수 있고, 진로에 대해 더욱 구체화된 길을 찾는 데 도움이 된다. 학교는 학부모, 학생 면담을 통해 개인의 꿈과 비전을 더욱 구체적으로 찾고 자신에게 알맞은 진로를 찾을 수 있게 돕는 역할을 한다.

학부모와 학교는 긴밀하게 연결되어야 한다. 학교에서 발견된 학생의 장점은 학부모에게 전달되고 학부모가 발견한 자녀의 장점도 담임선생님에게 전달되어 그 누적된 교집합을 뽑아내면 학생의 강점과 진로가 보이기 시작한다. 여기에 학생 면담을 통해 개인의 꿈과 비전을 찾아가면 더 구체적인 진로를 찾을 수 있다.

학교의 미래를 예측하자

나는 남자 형제들 속에서만 컸다. 그러다 보니 세 딸을 키우기가 솔직히 쉽지 않다. 다섯 식구라 식비도 만만치 않지만, 무엇보다 교육비가 많이 든다. 옷 한 벌이면 끝난다는 아들만 둘인 친구네와 달리 우리 집은 생활비도 많이 든다. 그래도 둘이 만나 셋을 낳았으니 우리는 성적이 나쁘지 않다.

2021년 2월 24일 통계청에서 2020년 출산율 및 사망 통계에 대해 발표했다. 2020년 출생아 수는 27만 2,400명으로 전년보다 3만 300명이 줄어 10.0% 감소했다. 2020년 출생아 수는 통계가 작성된 1970년 이후 가장 적었다.

여성 한 명이 평생 낳을 것으로 예상되는 평균 출생아 수를 합계출산율이라고 한다. 현재 인구를 유지하기 위해 필요한 합계출산율은 2.1이다. 2020년 우리나라 합계출산율은 0.84명이다.

2019년 통계청이 발표한 장기인구추계에 따르면, 우리나라 인구는 2028년 5,194만 명으로 정점을 찍은 뒤 2029년부터 감소할 것으로 전망됐다. 총인구는 2044년에 5,000만 명의 벽이 깨진 뒤 2066년 3,000만 명대로 낮아져 100년 뒤인 2117년에는 2,081만 명에 그치게 된다. 현재의 추세대로라면 우리나라는 전 세계에서 가장 먼저 사라질 민족이다.

태어나는 아이들이 없으면 학교도 없고, 나라의 미래도 없다. 이렇게 되기까지는 사회적 환경이 많은 영향을 끼쳤다. 어른이 되어도 수도권에 집을 사기에는 너무 비싸고, 학교 다니며 공부하는 사교육비도 비싸다. 청년들은 취업이 안 된다고 힘들어한다. 결혼을 미루고 결혼해도 자녀를 낳아야 할지 말아야 할지를 고민하는 게 사회적 분위기다. 이런 사회는 필연적으로 경제 인구를 감소시키고 국가 경제 하락 및 인구 고령화로 인한 사회문제를 동반한다.

얼마 전 학부모 상담을 했던 한 어머니는 딸이 둘인데 한 명은 치대에 갔고, 중학교 2학년인 둘째도 중학교 1학년 때 이미 부산의대 수학 문제를 풀어서 맞힐 정도로 공부를 잘한다. 어머니는 어느 날 딸들에게 이렇게 말했다고 한다.

"나는 너희 뒷바라지하느라 너무 힘들게 살고 있어. 너희는 결혼하면 절대로 자식 낳지 마!"

아이 학업 뒷바라지가 얼마나 힘들었으면 자식에게 아이를 낳지 말라고 했을까? 학생이 없으면 학교는 문을 닫는다. 멀리 볼 것도 없다. 경기도에서도 큰 도시에 속하는 용인, 수원의 초등학교 학급수가 이미 줄고 있다.

이제는 초중고등학교 폐교와 함께 대학 폐교까지 전국적으로 늘고 있다. 2020년 1월 기준으로 폐교된 대학과 전문대학은 16개교이다. 2020년 신입생 수가 입학 정원보다 적었다. 쉽게 말하면, 지원만 하면 다 합격인 셈이다. 신입생이 감소하면 대학은 재정난을 겪게 되고 결국 폐교하게 된다.

사라지는 대학 중에는 지방이라는 지역적인 문제도 있지만, 동시에 교육 경쟁력이 떨어지는 학교들도 많았다. 그렇다면 명문대는 어떨까? 대학교에서 배우는 지식의 유효 기간이 짧아지고 있고 온라인에서 무료로 제공되는 정보 수준과 비교해서 교육이 질적으로 높지 않다면 명문대도 폐교까지는 아니더라도 폐과廢科하지 말라는 보장은 없다.

명문대 졸업생도 취업률이 절반을 조금 넘는 게 현실이고 아이비리그대학교 강의도 온라인으로 무료로 듣는 시대이기에 대학 교육의 질이 떨어지면 굳이 다닐 이유가 없다. 배우는 것도 없고 졸업 후 얻는 것도 없으니 비싼 등록금을 내고 다닐 이유가 있는가?

부모는 아이에게 좋은 교육을 시키고 싶어 한다. 그래서 비록 우리나라 교육에 이런저런 문제점이 있더라도 사교육을 완전히 없애기는 어려울 것이다. 그래도 클라우드에서 다운받아 공부할 수 있는 디지털 교과서를 활용한 질적으로 우수한 공교육을 상시로 제공하여 사교육을 하지 않아도 교육이 충분히 이루어지게 하는 교육부 자원의 조치와 함께, 사교육에 기대지 않아도 된다는 신뢰를 주는 학부모 교육이 필요하다. 꼭 명문 대학을 나오지 않아도 충분히 잘 살아갈 수 있다는 것만 확신할 수 있어도 대한민국 부모는 자녀를 더 낳을 것이다. 현재 다양한 방법으로 자신의 길을 찾아가는 사례를 잘 발굴해서 알려만 줘도 출산율을 높이는 데 효과적일 것이다. 사회적 트렌드가 변하고 있고 대학 졸업장이 아니어도 새로운 길을 찾을 수 있음을 알게 된다면 아이를 키우는 부담감이 조금은 줄어들지 않을까?

폐교되는 학교가 카페가 됐거나 일반인의 집이 됐거나 하는 사례를 TV에서 본 적이 있다. 폐교도 학교였으니 이왕이면 교육 공간으로 재탄생하면 좋겠다는 생각을 여러 번 했었다. 카페보다는 대안학교가 되거나 아니면 공교육의 체험교육 공간이나 음악, 미술 등 예술교육을 발전시킬 수 있는 장소로 리모델링하는 방안은 어떨까? 지역에 교육 공간이 많아지면 사라지는 인구도 다시 늘어날 것이라고 생각한다.

지역에 인구를 늘리려면 여러 조건이 다 잘 갖추어야 하겠지만, 그중에서도 젊은 인구를 유입하는 중요한 요인으로는 직장과 교육 인프라를 꼽을 수 있다.

지금의 젊은 부모들은 자녀 교육을 매우 중요하게 생각한다. 고등교육을 받으며 생각의 폭이 깊고 넓어지면서, 일단 아이를 낳으면 자녀 교육에 최고의 가치를 부여한다. 삶을 사는 관점도 예전 세대와 확연히 다르다. 영어, 수학 점수를 높이기 위한 학원만 보내는 게 아니라 태권도, 음악, 미술, 수영을 가르치고 여가 시간에 여행을 하며 인생을 풍요롭게 살아갈 수 있는 환경을 제공하려고 노력한다.

사회의 인구 변화를 보면 학교의 미래가 어렵지 않게 그려진다. 어쩌면 우리가 부모가 되는 시점에는 내 자녀가 가야 할 학교가 내가 사는 동네에 없을 수도 있다. 학교 자체의 구조적인 변화는 지역 교육에 영향을 줄 것이고, 어쩌면 머지않아 자녀의 학교를 찾아서 이사를 다녀야 하는 시대가 될지도 모른다.

대안학교는 또 다른 기회이다

요즘 초중고 학교는 한 학급당 학생 수가 15~25명 사이가 보통이다. 만약 한 반에 학생 수가 30명이 넘어가면 콩나물시루라고 항의하는 학부모들이 있을 거다. 그런데 내가 중학교 1학년 때 우리 반 학생은 모두 72명이었다. 공간이 너무 부족해서 교실 제일 끝에 있던 쓰레기통 바로 옆까지 책상을 놓아야 했다. 내 번호는 70번이었는데 그 쓰레기통 바로 옆자리가 내 자리였다.

2001년 상영됐던 영화 〈친구〉에서처럼 검은색 모자와 교복을 입은 마지막 세대인 나에게 학교의 이미지는 썩 유쾌하지 않다. 한 반에 70여 명씩 되는 많은 학생 수, 똑같은 책걸상, 같은 학년의 학생들에게 똑같은 정보를 전달하는 선생님의 일방적인 주입식 수업, 축구를 하다가 넘어지면 살이 다 긁혀 피가 나는 흙바닥 운동장과 획일적으로 길고 네모난 4층짜리 건물이 내가 기억하는 학교이다.

건축가 유현준 씨는 양계장에서 독수리가 나올 수 없다며, 자신의 책 《어디서 살 것인가》에서 '교도소와 학교의 건물 모습이 별반 다르게 느껴지지 않는다'고까지 했다. 두 곳을 비교해 놓은 사진을 보니 내가 봐도 정말 다르지 않았다.

사실 학교라는 제도 자체는 수천 년 전부터 존재해 왔다. 그러나 현재 우리가 몸담고 있는 학교 시스템은 근대 산업화 시대에서 기인한다. 산업화 시대, 필요한 노동력이 급증하다 보니 단기간에 그 자녀들을 산업화에 걸맞은 노동자로 한꺼번에 교육할 제도가 필요했다. 그래서 등장한 것이 획일적이고 표준화된 공장 모형 시스템의 학교로, 지금의 공립학교 구조의 원형이 된다. 공장모형 시스템의 교육은 가르치는 입장에서는 매우 편리한 구조다. 한 곳에 여러 명을 모아 놓고 전달하고자 하는 내용을 교육받는 사람의 수준이나 관심사는 상관없이 일방통행식으로 전달만 하면 되기 때문이다.

주입된 내용을 잘 기억하도록 학습한 내용은 시험을 치러 평가한다. 이러한 획일적인 시스템은 다수를 통제하기에는 아주 효과적이다. 반면에 창의력이 나타날 기회는 전혀 없다. 이렇게 교육받은 학생들이 산업현장의 노동자가 되었다. 이 19세기의 모형은 200여 년이 지나 21세기를 사는 지금까지도 그 틀에 큰 변화가 없다. 한마디로 19세기 교육 시스템으로 21세기 아이들을 가르치는 모양새다.

세계적인 교육 석학인 영국 워릭대의 켄 로빈슨Ken Robinson 교수는 "획일화의 문제는 교육이 사람에 관한 것임을 잊는다는 점이다"라고 말했다. 이는 학생들이 마치 산업화의 상품처럼 되어 버린다는 뜻이다.

우리나라는 일제 강점기의 획일적 식민교육을 거쳐 한국전쟁으로 인해 기반 시설이 거의 없던 사회를 다시 건설하던 시절, 신분 상승을 위한 방법으로, 또 이념을 재무장하고 산업 일군을 양성하는 방법으로도 교육이 중요했던 터라 획일적인 공교육은 더욱 강력하게 실시되었다. 물론 그만큼 경쟁도 더욱 심해졌다. 인구가 집중된 서울에 명문 중고등학교가 생겨나고 자연스럽게 창의력보다는 시험 성적순으로 순위를 나열하여 1등을 중시하는 문화가 생겨났다.

과열된 경쟁을 식히려고 1974년부터 지역 간 고교 수준 격차를 완화하고 사교육비를 경감하는 등의 목적으로 학군제가 도입되고 고교평준화를 도입했지만, 창의력을 키우는 교육적인 준비 없이 평준화에만 집중하다 보니 각 개인의 재능은 살리지 못하고, 오히려 사교육비는 증가했다. 또한 고교 하향평준화, 교육의 질적 저하 및 학교의 전통이 상실되는 부작용이 많이 나타났다는 평가를 받았다. 정말 치열한 학업 경쟁 지역의 학군에서 중고등학교를 보낸 것을 생각해 보면 나도 그 학군제의 피해자이자 동시에 수혜자일 수 있겠다는 생각을 한다.

사장되는 각 개인의 창의력과 재능을 살리고자 영재교육의 필요성이 대두되면서 1992년 외국어고등학교, 과학고등학교, 예술고등학교가 특수목적 고등학교로 지정되었다. 그리고 그 후에 자율형 사립고등학교가 생겨났다. 이러한 특수목적 고등학교가 초반에는 목적이 잘 지켜지는 듯 보였으나 과학고등학교와 외국어고등학교의 명문대 진학률이 높아지자 변질되기 시작했다. 학부모들이 자녀를 과학고와 외고에 입학시키기 위해 초등학생 때부터 입시 학원에 보내 결국 설립 목적을 상실한 채 그저 명문대 진학의 도구처럼 되어 버렸다.

그렇다면 특수목적 고등학교와 자율형 사립고를 폐지해야 할까? 실제로 부작용이 없는 것은 아니지만, 진정으로 과학을 좋아하고 외국어를 좋아하며 그 길을 따라 목적에 부합하는 길을 가려는 학생에게 특수목적 고등학교는 매우 좋은 선택이다. 부작용이 나타나지 않도록 조치할 생각을 해야지 아예 폐지하는 것은 맞지 않다고 본다.

본래 학교는 쉼과 여가 및 토론을 위한 장소였다. '스쿨School'이라는 단어는 그리스어 '스콜레Scholel'에서 비롯됐다. 스콜레의 원래 의미는 '쉼', '여가' 혹은 '토론'이다. 뭔가를 토론하는 것도 쉼의 연장선상이거나 여가 시간을 활용해서 했다. 이런 학교가 오늘날 우리나라에서는 치열한 성적 경쟁의 장이 되어 버렸다. 그러나 최근에 학생과 학부모들의 의식이 깨어나기 시작하면서 시대와 맞지 않는 교육에 대한 불만이 커져 대안학교와 홈스쿨링Home Schooling의 확산으로 나타났다.

2020년 3월 기준 교육부 자료에 의하면 교육부로부터 국내 학력 인정을 받는 대안학교는 총 93개다. 각종 대안학교가 공립 22개교, 사립 28개교로 총 50개교이고, 대안교육 특성화중학교가 공립 5개교, 사립 13개교로 총 18개교이며, 대안교육 특성화고등학교가 공립 5개교, 사립 20개교로 총 25개교다. 미인가 대안학교는 셀 수 없이 많다. 미인가 대안학교는 비용이 많이 든다는 단점이 있지만, 교육부의 가이드를 따르지 않아도 되고 설립 취지에 맞게 커리큘럼을 만들어 교육할 수 있다는 장점이 있다.

자연을 체험하는 삶을 가르치는 대안학교에서부터 신앙교육을 중시하는 기독교 대안학교뿐만 아니라 외국학교 진학을 목적으로 하는 국제학교 성격의 대안학교들까지 매우 다양하다. 학비와 학교 졸업 후 삶의 열매를 책임질 수 있다면, 목적에 따라 설립 취지에 맞는 학교에 보내는 것도 좋은 방법이라고 생각한다. 중요한 것은 '공교육인지 대안교육인지'의 문제라기보다는 '삶을 행복하게 살아갈 수 있는 과정과 방법을 배울 수 있는 학교인지'가 중요하기 때문이다.

물론 대안학교도 잘 선택해야 한다. 나의 꿈과 비전, 기질과 성격, 신앙에 따라 가장 잘 맞는 곳을 골라야 한다. 시와 글쓰기를 좋아하는데 기술 트렌드를 알아야 한다고 무작정 IT 대안학교에 들어간다면 귀한 인생의 시간을 잃게 된다.

현재 대안학교는 꾸준히 늘고 있고 일반 학교에서 대안학교로 옮긴 이후 행복한 삶을 사는 친구들도 많다. 하지만 무턱대고 대안학교로 옮기기보다는 일반 학교의 교육이 나와 맞지 않다는 판단이 섰을 때 대안학교로 전학을 고려해 보자. 사람마다 능력과 관심과 기질과 꿈이 모두 다르기 때문에 대안학교는 우리에게 새로운 기회가 될 수 있다.

✅ 대안학교 찾는 방법

1. **교육부 홈페이지** www.moe.go.kr에서 **대안학교 및 대안교육특성화중고등학교 리스트**를 찾아볼 수 있다.

2. 기독교 대안학교는 **'한국기독교대안학교연맹** www.casak.org'의 홈페이지를 방문하면 지역별로 정리된 기독교 대안학교 리스트를 볼 수 있다. 만약 원하는 학교가 있다면 반드시 학교를 직접 방문해서 설명을 들어야 한다.

3. **지인 소개**는 대안학교를 찾는 현실적인 방법 중 하나다. 학생 수가 적은 소규모 대안학교는 교육부 홈페이지나 대안학교연맹에 등록은 안 되어 있지만 설립 취지와 선생님이 좋은 경우도 많으니, 지인의 추천을 받았다면 직접 찾아가서 설명을 듣고 결정하자.

"제 갈 길을 아는 사람에게
세상은 길을 비켜준다."

— 찰스 킹슬리 Charles Kingsley —

Chapter 2

꿈을 막는
장애물 뛰어넘기

자신에 대한 의심을 떨치자

꿈을 이루는 데 있어서 가장 큰 장애물은 바로 스스로 품는 의심이다. 의사가 되고 싶다는 꿈을 꾸면서 '내가 의대에 갈 점수를 받을 수 있을까?', '의사라는 직업이 진짜 나와 잘 맞을까?' 하고 스스로 의심한다. 문제는 도전해 보지도 않고 의심부터 한다는 점이다. 대개 의심은 '현재의 나'를 기준으로 한다. 현재 나를 보고 의사가 되는 것이 힘들 거라는 의심을 하기 시작한다.

이처럼 의심하기 전에 가장 먼저 해야 할 일이 자신이 왜 의사가 되려는지에 대해 스스로 질문하는 것이다. 이 질문에 대해, 아무리 생각해도 사람을 살리는 의사 말고는 다른 것을 생각할 수 없다는 결론이 섰다면, 더 이상 의심하지 말아야 한다. 현재의 학업 성적으로 미래의 나를 미리 평가하지 말아야 한다. 작은 결점 때문에 지레 안 될 거라고 판단해서는 안 된다.

신이 아닌 이상 완벽한 사람은 없다. 결론을 내려놓고도 아주 사소한 문제 때문에 자신을 의심하는 경우가 상당히 많다. 그 작은 결점이 전체를 흔들어서는 안 된다. 목표가 분명하다면 어떻게 하면 내 결점을 보완해서 목표에 도달할지만 생각하면 된다. 어떻게 하면 지금의 성적을 더 높일 것인가를 고민하고 공부하면 된다.

의심은 목표를 좌절시킬 뿐만 아니라 아예 도전하려는 의지 자체를 꺾어 버린다. 의지가 꺾이면 꿈을 꿈으로만 간직한 채 앞으로 나아갈 아무런 행동을 하지 않게 된다. 혹은 아예 꿈을 포기하고 현재에 순응하며 살아가게 된다.

목표를 정했으면 의심하지 말아야 한다. 반드시 된다는 흔들리지 않는 마음으로 하나씩, 작지만 한 발을 떼는 것이 중요하다. 시작이 반이다. 시작도 안 하면 아예 꿈을 이룰 수 없지만, 일단 한 발을 떼면 어떻게든 그 길을 가게 된다. 어떻게 하면 의심하지 않고 꿈을 향해 달려갈 수 있을까?

목표의 구체화 | 의사가 목표라면 왜 의사가 되어야 하는지에 대한 모든 이유를 다 찾아본다.

롤모델 찾기 | 의사로서 내가 되고 싶은 실제 사람을 찾아 롤모델로 삼고 사진을 뽑아 책상 앞에 붙여 두고 매일 본다. 대상을 시각화하면 눈에 띌 때마다 목표가 다시 생각나기 마련이다.

의심하지 않기 | 만일 성적에 대해 부정적인 생각이 든다면 최대한 자제하고, 최선을 다해 성적을 올리는 방법만 생각한다.

중장기 학업 목표 세우기 | 갑자기 성적을 급격하게 올리기는 어렵다. 이룰 수 있는 목표부터 시작하여 중장기적인 목표를 세워서 추진한다.

스스로 다짐하기 | 안될 것 같다는 의심이 들 때마다 스스로 "나는 아픈 사람을 돕기 위해 꼭 의사가 될 것이다!"라고 열 번씩 소리 내어 외친다.

의심이 사라지면 남은 것은 그 꿈을 달성하기 위한 부단한 노력이다. 특히나 의사는 사람의 생명과 건강을 다루는 아주 중요한 분야이기 때문에 남들이 1만 시간 노력한다면 의사를 꿈꾸는 사람은 그보다 훨씬 더 많은 노력을 해야 한다.

자신이 하는 내적인 의심 말고도 외적인 의심이 있다. 아무리 스스로 확고해도 부모가 자녀의 꿈을 의심하는 경우가 있다. 그럴 때는 자신이 그동안 부모님께 어떤 모습을 보여 드렸는지 되짚어 보자. 말로는 "저는 훌륭한 변호사가 될 거예요"라고 하면서 실제로는 공부를 전혀 하지 않는다면, 부모 입장에서는 자녀를 의심할 수밖에 없다.

머리로만 생각하는 꿈이 아니라 마음으로 끌리는 꿈에 대해 부모님과 얘기를 나눠 보아야 한다. 만약 꿈을 말했는데 그에 따른 노력을 하지 않으면 부모는 부모가 옳다고 믿는 목표를 자녀에게 주입할 가능성이 크다. 하지만 마음이 끌리는 꿈을 향한 열정을 보여 주면 부모는 자녀를 응원하고 지원할 수밖에 없다.

나 역시 딸이 한창 사춘기로 방황할 때 솔직히 대학은 갈 수 있을지, 사회생활은 잘할 수 있을지 모든 것이 의심스러웠다. 그러나 간절하게 기도하며 기다려 주었더니 마음잡고 공부하기 시작했다. 그 이후 학업도 생활도 분명히 달라졌다. 나도 내 딸도 그 기다림의 열매를 지금 맛보고 있다.

자기 꿈을 의심하지 않으려면 자신에 대한 믿음과 절대적으로 기다림의 시간이 필요하다. 조급하게 생각하지 말고 꿈을 향해 한 발짝씩 나아가면 어느 순간 꿈에 성큼 다가선 자신을 바라보게 된다.

남과 비교하는 것을 멈추자

　자존감이 낮을수록 남과 비교한다. 남과 비교하면 할수록 '나'는 사라지고 사람들의 시선만 남는다. 내 꿈과 다른 사람의 꿈이 다름에도 그 사람이 받는 칭찬이 부러워서 다른 사람의 꿈을 내 꿈으로 가져온다. 다른 사람의 꿈은 아무리 좋아 보여도 내 꿈이 아니다.

　사람은 모두 다르다. 모든 사람의 생김새가 다르듯 사고방식도 다르고 삶의 목적도 다르다. 모두 자신만의 삶의 목적이 있다. 그것이 살아갈 인생의 꿈이고 비전이다. 우리는 거기에 집중해야 한다.

　남과 비교해서 자신이 우월하다고 여기며 교만해지는 것도 큰 문제이지만, 더 큰 문제는 남보다 내가 부족하다고 좌절하며 열등감에 휩싸이는 것이다. 열등감에 휩싸이면 자신이 한없이 부족하고 쓸모없다고 느껴지기 때문에 자신의 잠재력을 끄집어낼 수 없다. 그것은 비교하는 기준이 주관적이기 때문이다. 객관적으로 보면 날씬한데 스스로 뚱뚱하다고 생각하는 사람에게 왜 그렇게 생각하느냐고 물어보면 비교 대상이 연예인이다. 철저하게 관리

하는 연예인과 비교한다면 대부분 자신의 몸매에 만족할 수 없을 것이다.

자신이 생각하는 약점은 오히려 남들이 갖지 못한 나만의 강점이 될 수 있다. 초등학교 2학년 때 우리 반에 이마가 툭 튀어나온 그리 잘생기지 않은 친구가 있었다. 그 녀석의 별명은 짱구였다. 친구들이 '짱구'라고 놀리기도 전에 자기가 먼저 짱구라고 소개했다. 본인이 먼저 그렇게 얘기를 하니 일부러 놀릴 의도로 짱구라고 부르는 친구는 아무도 없었다. 평소에 얼마나 웃기던지 이 친구 얼굴만 봐도 친구들이 모두 웃었다. 그 친구도 사람들을 즐겁게 해 주는 일을 즐겼다. 담임선생님께서 교장 선생님께 건의를 해서 전교생을 대상으로 이 친구의 단독 개그콘서트가 열렸고, 전교생이 배꼽을 잡고 웃었던 기억이 있다.

사실 부모도 종종 자녀를 남과 비교할 때가 있다. 부모는 보통 학교 시험에서 90점을 받으면 "100점 받은 사람은 몇 명이야?"라고 묻고, 100점을 받아오면 "너 말고 또 누가 100점 받았어?"라고 묻는다. 옆집 아이가 1등을 하면 "옆집 누구는 1등을 했는데 너는 왜 그 모양이니?"라는 말이 나온다. 친구 아들이 서울대에 합격하면 "너도 서울대 가야지"라고 말한다. 옆집 아이의 등수가 나와 무슨 상관인가? 친구 아들이 서울대에 간 것이 나와 무슨 상관인가?

AI 시대를 사는 우리는 미디어의 홍수 속에 산다. 페이스북, 인스타그램을 통해 친구와 나의 삶을 비교한다. 사진 속에 나온 친구들의 자랑거리를 보면 속이 상한다. '좋아요' 숫자를 놓고 친구들과 비교한다. 더 많은 '좋아요'를 얻기 위해 남들이 좋아하는 영상을 찍고 숫자를 기다린다. 나는 점점 사라지고 남의 시선만 남는다. 남과의 비교로 자신의 장점을 잃어버린다. 그러다가 언젠가는 내 꿈이 뭐였는지, 내 진짜 모습이 무엇인지조차 모르는 단계까지 가게 된다.

남과의 비교는 대개 어릴 때는 겉으로 보이는 외모에서 시작하여 사춘기 때 절정을 이룬다. 그리고 시험 성적 비교를 거쳐 점차 성격 등의 내면세계로 비교 대상이 이동했다가 어른이 되면서 사회적인 지위나 재력 등의 환경적인 비교로 확대된다. 그렇게 돈이 꿈이고 지위가 삶의 목적이 되며, 자신의 진짜 내면의 꿈은 어느새 온데간데없다.

그러면 우리가 스스로 남과 비교하지 않으려면 어떻게 해야 할까?

첫째, 가정에서부터 비교하기를 그치자

내 모습 그대로를 인정하고 제일 먼저 형제, 자매와 자신을 비교하지 말자. 서로의 강점을 찾아서 칭찬해 줄 수 있다면 더 좋다. 혹시라도 부모님이 자꾸만 비교하는 말씀을 하신다면 있는 그대로 자기 장점만 봐 달라고 정중히 부탁해 보자.

둘째, 모든 직업에 귀천이 없음을 인정하자

한 사람이 그 일에 얼마나 최선을 다하느냐로 평가를 해야지, 이 직업은 가치가 있고 저 직업은 가치가 없는 일이라고 판단해서는 안 된다. 그렇지 않으면 끝없는 남과의 비교가 이어지고, 자기 내면의 꿈을 그 평가에 따라 버리게 된다. 남과의 비교는 꿈을 찾아가는 데 있어서 큰 장애물이다.

셋째, 친구들의 개성을 인정하자

학교는 일종의 사회집단이기 때문에 어쩔 수 없이 순위를 매기는 일이 발생한다. 그럴 때마다 친구를 바라볼 때 순위에 매몰되지 말고 사람마다 가지고 있는 다양성을 살펴보자. 그러면 친구마다 가진 장점이 보이며 순위가 아닌 사람 그 자체를 먼저 볼 수 있다. 내가 먼저 친구들을 개별적인 존재로 존중하고 대하면 주변 친구들도 나를 그렇게 대한다. 그렇게 성적이 아닌 한 사람으로서 인정받기 시작하면 자존감이 높아지고 그러면 스스로 남과 비교하지 않는다. 누가 뭐라 해도 스스로 위축되지 않기 때문이다. 내면이 단단하면 남이 어떤 브랜드의 옷을 입던, 명품 가방을 두르든 상관하지 않는다.

남과 비교하지 않으면, 나 자신을 중요하게 여기게 되고 그러면 자연스럽게 자신의 꿈이 중요해진다. 남들이 생각하고 바라보는 것에 초점을 맞추는 것이 아니라 내가 이 일을 좋아하느냐 아니냐에 초점을 맞춘다. 남을 신경 쓰지 않으면, 누가 뭐라고 해도 자신의 길을 꿋꿋이 걸어 나갈 수 있다.

✅ 자존감을 높이는 방법

★ 자신에 대해 긍정적으로 생각하자

자신의 장점과 성취를 인정하고, 실수나 부족함에 대해서는 의도적으로 자기 비하를 하지 않는다. 혹시 실수할 때마다 습관적으로 자기 비하를 한다면 거울을 보면서 "너는 걸작품이야! 누구나 실수할 수 있어. 다시 하면 돼!" 하고 긍정적인 말로 교정해 보자.

★ 자기 자신을 받아들이자

스스로 완벽하지 않아도 괜찮다는 것을 받아들이자. 그리고 다른 사람들 앞에서 자신에 대해 자신감 있는 태도로, 자연스럽게 표현해 보자.

★ 새로운 경험에 도전하자

안 해본 경험을 시도해 보았을 때 나쁘지 않은 결과를 얻는다면 자신감과 함께 자존감도 올라간다. 그러니 처음부터 너무 어려운 경험보다는 자신의 수준에 맞는 경험에 도전할 만한 일을 찾아보자. 자신과 비슷한 성격의 친구들과 함께 구체적인 목표를 설정하고 같이 도전해 보는 것도 좋다.

꿈을 꺾는
수만 가지 핑계를 버리자

자신이 처한 환경은 꿈을 방해하는 걸림돌이 될 수 있다. 공부를 더 하고 싶은데 학비가 없어서 포기해야 하는 경우도 있고, 건강상의 문제로 꿈을 내려놓아야 할 때도 있다. 이처럼 정말 어쩔 수 없는 경우도 분명히 있지만, 대개 핑계는 꿈을 스스로 포기한 자기 마음의 불편함을 합리화하는 데 사용한다.

"나는 공부를 못하니까", "나는 외국어를 못하니까", "우리 집은 가난하니까", "나는 몸이 건강하지 않으니까"처럼 찾아보면 무엇이든 핑곗거리가 된다. 하지만 우리 주변에는 어려운 환경과 불편함을 딛고 성공하거나, 물질적으로는 부유하지 않아도 행복하게 살아가며 선한 영향력을 끼치는 사람들이 존재한다.

내가 아는 한 사람은 자신이 처한 환경에 아랑곳하지 않고 성장해 주변에 선한 영향력을 주고 있다. 그가 고3 때 아버지가 갑작스럽게 돌아가셨는데, 절망적인 상황 속에서도 마음을 추스리고 명문대학 물리학과에 입학했다.

스스로 생활비를 벌어야 하는 힘든 상황 속에서도 자신이 진정으로 하고 싶었던 미술 공부를 위해 다니던 학교를 자퇴하고, 아르바이트를 하며 다시 공부해서 대한민국 최고의 미술대학에 입학했다. 이어서 대학원까지 공부해 미술과 과학을 융합한 수업을 하는 멋진 선생님이 되었다. 자신의 뛰어난 재능을 학생들에게 아낌없이 쏟아붓는 그의 모습을 보면 정말 존경스럽다.

그 밖에도 대외적으로 잘 알려진 사람 중에는 어려운 환경과 조건을 과감히 이겨내고 자신의 꿈을 찾아 사는 사람들이 적지 않다. 그들은 그 어떤 핑계도 대지 않고 자신의 꿈을 위해 도전했다. 그들의 도전은 많은 사람의 인생에 커다란 동기부여가 되었다.

세계적인 강연가이자 동기부여가인 닉 부이치치 Nick Vujicic는 신체적으로 팔다리가 자라지 않은 채 태어났다. 일상적인 생활도 힘든 신체 조건이지만, 그는 자신이 처한 상황에 개의치 않고 농구도 하고 서핑도 즐긴다. 결혼해서 자녀까지 있는 그는 자신처럼 태어난 전 세계 사람들에게 용기를 불어넣어 주는 강연을 하며 당당하게 살아간다.

제2의 아인슈타인으로 불렸던 천재 물리학자 스티븐 호킹 Stephen William Hawking은 옥스퍼드 대학을 3년 만에 마치고 케임브리지대학교 박사과정을 다니던 시절에 루게릭병을 진단받은 후 손가락밖에 못 움직였다. 하지만 자신의 상황에 굴복하지 않고 학업에 매진하여 우주 특이점을 증명하고 케임브리지대학교 중력물리학 정교수가 됐으며, 전 세계 20여 개국에 1,000만 부가 넘게 팔린 《시간의 역사》라는 책을 저술하기도 했다. 본인의 육체적 환경에 스스로 좌절했다면, 그는 물리학도로서의 자신의 삶을 살지 못했을 것이다.

켈리 최 Kelly Choi는 유럽 11개국에 1,200여 개 초밥 매장을 낸 글로벌 기업

회장이다. 자산이 영국 여왕보다 많아서 화제가 됐다. 한국의 농촌에서 어렵게 자란 그녀는 고등학교에 갈 형편이 안 되어 셔츠를 만드는 방직 공장에 취업해 야간 고등학교를 다녔다. 하지만 경제적으로 어려운 환경에 굴하지 않고 일본과 프랑스 유학에 도전했고, 사업을 성공시켜 글로벌 기업을 일구었다. 만일 환경을 탓했다면 결코 이룰 수 없는 열매다.

1980년대 꽤 유명했던 그룹인 영국의 유명 록 밴드 데프 레퍼드 Def Leppard 의 드러머 릭 앨런 Rick Allen은 왼팔이 없다. 자동차 사고로 왼팔 전체를 잃었다. 릭 앨런의 사고 후 대부분 사람은 밴드가 해체될 것이라고 예측했지만, 4년 뒤 이 밴드는 새로운 앨범을 냈다. 놀랍게도 앨범의 드럼 연주자는 릭 앨런이었다. 밴드 동료들은 의리 있게 기다려 줬고, 릭 앨런은 한쪽 팔로 드럼을 치는 새로운 주법을 통해 드러머로서의 자신을 포기하지 않았다.

독일이 낳은 서양음악 역사상 최고의 음악가로 꼽히는 작곡가는 베토벤이다. 그는 스물여섯 살에 병을 앓아 귀가 들리지 않았다. 베토벤은 음악인으로 귀가 안 들리는 괴로움에 서른두 살 때는 유서를 쓰고 자살 시도도 했다. 하지만 불후의 명곡으로 불리는 베토벤 교향곡 9번 〈합창〉이 바로 그 시절에 작곡했다는 점이 놀랍다. 뜨거운 마음만 있다면 음악도 귀가 아닌 마음으로 할 수 있음을 우리에게 직접 보여준 것이다.

만화영화로 전 세계 어린이들의 마음을 사로잡은 월트 디즈니에게도 어려운 시기가 있었다. 그는 1919년 신문사 〈캔자스시티〉에서 해고되었는데 이유가 '상상력이 부족하고 별로 좋은 아이디어를 내지 못한다'는 점 때문이었다. 참 아이러니하다. 상상력으로 말하면 월트 디즈니를 따라갈 사람이 없을 것 같은데 상상력이 없다고 해고됐으니 말이다. 회사에서 무능력자로 해고되면 대개는 자신을 책망하기 마련이다. 자존감은 바닥을 치고 우울증에 빠지기도 한다. 그런데 그는 자신이 능력이 없어서 해고됐으니, 이제 자신이 할 만한 일은 없다고 핑계를 대지 않았다. 오히려 자신의 해고 사유를 곱씹으며 생쥐를 모티브로 하는 미키 마우스를 탄생시켰다.

소설 《해리포터》로 억만장자가 된 영국의 작가 조엔 롤링 Joan K. Rowling은 회사에서 비서로 일하다 해고되고, 결혼에도 실패하여 직업도 없이 생후 4개월 된 딸과 스코틀랜드 에든버러의 초라한 단칸방에서 1년간 정부생활보조금으로 살았던 사람이다. 불우한 환경 탓을 하려면 얼마든지 할 수 있었다. 어려서부터 상상력을 자극하는 책 읽기와 글쓰기를 좋아하던 그녀는 어려운 삶 속에서도 꿈을 포기하지 않고 소설 《해리포터》를 썼지만, 여러 출판사에서 출판이 거절되는 좌절감도 맛보았다. 그러나 그녀는 핑계를 대지 않았고 포기하지도 않았으며, 그 결과 1997년부터 10년간 출간된 모든 시리즈물을 성공시켰다. 그녀는 미국 하버드대학교 졸업식 연설에서 자신의 실패를 거론하며 실패를 통해 자신을 더 잘 알게 되었다는 것과 그 깨달음이 자신을 성공으로 이끌었다는 점을 분명히 했다.

그 밖에도 스타벅스 창업자 하워드 슐츠 Howard Schultz는 200번 넘게 투자를 거절당했고, 세계적인 디자이너 크리스챤 디올 Christian Dior은 청년 시절 그 실력으로는 절대로 디자이너가 될 수 없다고 100군데가 넘는 의상실에서 퇴짜를 맞았으며, 문학계의 거장 도스토옙스키는 20년이 넘도록 평론가들로부터 쓰레기 같은 너저분한 글만 쓴다는 비판을 받았었다. 그러나 그들은 환경을 탓하지도 않았고 핑계를 대지도 않았으며 결코 포기하지도 않았다.

이렇게 우리 주변에는 환경을 이겨내고 자신의 꿈을 살아내는 사람들이 많다. 그렇다면 혹시 나의 환경은 어떤가? 자신의 꿈을 이루기에 불가능할 것 같은 환경인가? 부정적인 관점으로 환경을 보기 시작하면, 꿈은 그대로 묻혀 버린다. 하지만 환경을 맞부딪쳐 극복해야 할 과정으로 여긴다면 꿈을 포기할 아무런 이유가 없다.

만일 자신이 처한 환경이 편하고, 건강하고, 풍족하면 인생을 더 열심히 살 것 같지만 꼭 그렇지만도 않다. 노력하지 않아도 불편한 것이 없으니 오히려 더 아무것도 안 하고 편하게만 살아갈 수도 있다. 오히려 어려운 환경이 내 꿈의 실현을 더 단단하게 만드는 과정이 된다고 생각한다.

환경이 어려워 꿈을 포기하고 싶은 마음이 들 때는 제일 먼저 자신의 꿈을 다시 확인해 보자. 간절히 원했던 자신의 꿈을 되새겨 보며, 그 꿈이 자기 인생에 얼마나 중요하고 소중한지를 생각해 본다. 그러면 다시 노력하고 도전할 용기가 생긴다. 또 주변 친구, 부모님, 선생님 및 멘토 등 전문가에게 도움을 요청해서 조언과 지도를 통해 꿈을 꺾는 환경을 극복할 실제적인 방안을 찾아본다.

그리고 환경이나 조건을 이겨낸 사람들의 이야기를 곱씹어 본다. 환경이나 자신의 조건이 억울하게 느껴질 때는 항상 나만 힘든 것처럼 느껴진다. 이럴 때는 어려운 환경을 이겨낸 사람들의 이야기를 들어보자. 그러면 어느새 새롭게 도전할 힘을 얻을 수 있다.

자신의 기질과 성격을 알자

때로는 타고난 자신의 기질과 성격으로 인해 원하는 삶을 살지 못하는 사람도 있다. 돌다리도 두드려 보고 건너는 안정을 추구하는 기질을 가진 사람은 아무것도 정해지지 않은 불안전한 길인 꿈을 좇는 일에 마음껏 도전하지 못하는 경우가 있다. 심지어 돌다리만 실컷 두드려 보고 다리가 멀쩡한데도 못 건너는 사람이 있다. 이러한 기질은 타고난 것이라 단순히 의지만으로는 바꾸기가 쉽지 않다.

예를 들어, 모든 상황을 꼼꼼하게 확인해야 비로소 행동하는 사람이 있는 반면에, 제대로 확인하지도 않고 일단 행동부터 하는 사람도 있다. 이처럼 저마다 다른 자신의 기질을 잘 인식하지 못하면 꿈을 지레 포기하는 경우가 많아진다. 지금부터 자신의 기질이 어떤지 알고 더 적극적으로 꿈에 도전해 보자.

기질을 설명하는 모형에는 토마스&체스 Thoma&Chess 모형, 로트바르트 Rothbart 모형, 부스&플로민 Buss&Plomin 모형, 그리고 골드스미스 Goldsmith

모형 등이 있다. 이중 토마스&체스 모형에서 세 가지로 쉽게 정리한 성격 유형에 따르면 다음과 같다. 이를 보며 자신이 어느 기질에 속해 있는지 한 번 파악해 보자.

> – 쉬운 아이(Easy child)
> – 까다로운 아이(Difficult child)
> – 천천히 발동이 걸리는 아이(Slow to warm up child)

'쉬운 아이' 유형의 기질은 일반적으로 먹고 자는 것이 규칙적이다. 부모 말을 잘 듣는 편으로, 스스로 행복하고 즐거운 감정 표현을 많이 한다. 새로운 환경에 쉽게 적응하는 편이지만, 만일 환경이 크게 변할 때 혼자서 처리해야 할 일이 많으면 잘 도전하지 않으려 한다. 이런 때에 부모님이나 선생님의 적극적인 도움을 받으면, 그에 따라 꿈의 달성 여부가 달라질 수 있다.

'까다로운 아이' 유형의 기질은 먹고 자는 것이 불규칙하다. 부정적인 감정 표현이 많은 편이며, 환경 변화에 민감하고 강하게 반응하는 경향이 있어서 변화에 적응하는 데 시간이 많이 걸린다. 이런 기질을 가진 사람은 부모가 꿈을 이루기를 바라는 마음으로 강요하면 반드시 문제가 생긴다. 이 기질의 사람은 변화에 적응하는 시간이 필요하기 때문에 자신이 꿈을 편안하게 받아들일 수 있을 때 비로소 도전하는 것이 좋다.

'천천히 발동이 걸리는 아이' 유형의 기질은 신체적으로는 규칙적이다. 긍정적인 감정 표현이 많은 편이지만, 표현하는 데 서툴며 새로운 환경에 적응하는 데 시간이 많이 걸린다. 이런 기질의 사람은 답답하다고 강하게 끌어당기면 오히려 해가 된다. 강요할수록 더욱 거부하려는 특징이 있으니,

이런 기질의 사람에게는 기다림이 중요하다. 시간은 걸리지만 관심이 생기면 누구보다 몰입해서 추진하는 유형이다.

이처럼 기질은 저마다 다르다. 소극적이고 까다로우니 쉽게 꿈을 포기하는 것을 인정하기보다는 그런 기질임에도 거부감 없이 자신의 꿈을 이루어 나갈 수 있는 길을 능동적으로 찾아야 한다.

성격 유형으로 자신을 파악해 보는 것도 가능하다. 내향적인 성격이 있고 외향적인 성격이 있는 반면에 꼼꼼하게 알아보는 성격이 있고 또 덜렁대는 성격도 있다. 꿈이 있으면서도 섣불리 도전하지 못하는 사람들을 보면, 대개 너무 꼼꼼하게 이것저것 확인하느라 시기를 놓쳤거나, 도전보다는 현실의 안정을 더 중시하는 성격이기 때문인 경우가 많다.

때로는 꼼꼼하게 확인하다가 보니 스스로 '이 속도로 꿈을 언제 이룰 수 있을까?' 하고 지레 지쳐 버리기도 한다. 기질적으로 발동이 천천히 걸려서 스스로 포기해 버리는 경우다. 이럴 때는 비슷한 기질이면서 자신의 꿈을 이루어 낸 인물들을 찾아 그들의 스토리를 읽어 보면 큰 도움이 된다.

기질과 성격은 어떤 관점으로 보는가에 따라 꿈을 이루는 데 방해물이 되기도 하고 오히려 도움이 되기도 한다. 기질을 극복하기 위해 도전하는 방법이 없는 것은 아니다. 약점을 강점으로 활용하는 전략이 필요하다. 내가 하기 어려우면 나와 반대되는 기질이나 성격을 가진 사람과 함께 서로를 보완하며 꿈을 이루어 가는 것도 좋은 방법이다. 예를 들어, 비행기 조종사가 되고 싶은데 성격상 먼저 한 발을 내딛지 못하는 스타일이라면, 조종사가 되고 싶은 사람들이 모인 온라인 모임에 가입해서 함께 팀을 이뤄 준비하는 것도 좋다. 그 모임 속에 여러 유형의 사람들이 서로에게 도움을 줄 수 있다. 그 밖에도 스스로 자신의 기질을 극복할 수 있는 몇 가지 방법이 있다.

첫째, 자기 기질 이해하기

먼저 자신의 기질이 어떤지 이해하고, 어떤 상황에서 좋은 영향과 안 좋은 영향을 미치는지 파악해 본다. 내 기질이 어떠한지를 알게 되면, 나에게 꼭 맞는 극복 방법을 찾을 수 있다. 남이 극복했다는 모든 방법을 시도해 봐도 나 자신을 모르면 아무런 도움이 되지 않는다.

둘째, 긍정적인 생각 유지하기

기질에 따라 부정적인 생각이 더 많이 들 수도 있다. 하지만 부정적인 생각이 들 때마다 긍정적인 생각을 유지하려고 애쓰며, 자신의 강점과 장점에 집중하려고 노력하면 기질을 극복하는 데 도움이 된다. 부정적인 생각이 들 때 긍정적인 생각을 해야 한다는 사실 자체가 생각이 나지 않는다면, 아예 거울에 메모지를 붙여 놓자. 문구를 시각화하면 쉽게 생각으로 전환되기 때문이다.

셋째, 스트레스 관리하기

스트레스는 기질을 악화시키는 주요 요인 중 하나다. 그래서 자신만의 스트레스 관리 방법을 찾는 것이 무엇보다 중요하다. 스트레스가 쌓인다는 생각이 들면 운동을 하거나, 심호흡을 하거나, 5분 동안 맑은 하늘을 쳐다보는 등 자기에게 효과적인 방법을 시도해 보자.

넷째, 적극적으로 대처하기

자신의 기질이 안 좋은 영향을 미치는 상황에서는 상황을 피하지 말고 적극적으로 대처해야 한다. 문제를 해결하거나 상황을 개선하기 위한 방법을 찾으려 애쓰면 효과가 있다. 피하고 싶은 생각이 들 때마다 '도망치지 말고, 문제가 해결될 때까지 해보자!' 하는 마음가짐으로 적극적으로 대처해 보자.

타고난 기질은 바꾸기 어렵긴 하지만, 그렇다고 완전히 바꿀 수 없는 것도 아니다. 실제로 사회에 나와 오랫동안 한 회사에서 반복된 일을 하거나 혹은 나이가 들면서 살아온 환경의 변화에 따라 기질이 바뀌는 경우도 많이 보았다. 그렇다면 아직 성장하고 있는 청소년의 기질은 더더욱 적극적인 대처에 따라 극복이 가능하다고 본다. 그러면 꿈을 방해하는 방해물이 아니라 그 방해물을 극복함으로써 자신의 꿈을 더욱 단단하게 이끌어 주는 긍정적인 새로운 기질을 만들 수 있을 것이다.

후회할 시간에 도전하자

죽기 전에 사람들이 가장 많이 하는 것이 후회라고 한다.

"젊었을 때 세계여행에 도전해 볼 걸", "그렇게 좋아하던 그림에 인생을 한번 걸어 볼 걸" 하면서 후회를 한다. 《죽을 때 후회하는 스물다섯 가지》라는 책이 있다. 일본의 호스피스 전문의인 오츠 슈이치 大津秀一가 수년 동안 1,000명의 말기 암 환자들이 마지막에 공통적으로 한 후회의 말을 정리한 책이다. 그 책에 나온 스물다섯 가지의 후회는 아래와 같다.

1. 사랑하는 사람에게 고맙다는 말을 많이 했더라면
2. 진짜 하고 싶은 일을 했더라면
3. 조금만 더 겸손했더라면
4. 친절을 베풀었더라면
5. 나쁜 짓을 하지 않았더라면
6. 꿈을 꾸고 그 꿈을 이루려고 노력했더라면

7. 감정에 휘둘리지 않았더라면

8. 만나고 싶은 사람을 만났더라면

9. 기억에 남는 연애를 했더라면

10. 죽도록 일만 하지 않았더라면

11. 가고 싶은 곳으로 여행을 떠났더라면

12. 고향을 찾아가 보았더라면

13. 맛있는 음식을 많이 맛보았더라면

14. 결혼을 했더라면

15. 자식이 있었더라면

16. 자식을 결혼시켰더라면

17. 유산을 미리 염두에 두었더라면

18. 내 장례식을 생각했더라면

19. 내가 살아온 증거를 남겨 두었더라면

20. 삶과 죽음의 의미를 진지하게 생각했더라면

21. 건강을 소중히 여겼더라면

22. 좀 더 일찍 담배를 끊었더라면

23. 건강할 때 마지막 의사를 밝혔더라면

24. 치료의 의미를 진지하게 생각했더라면

25. 신의 가르침을 알았더라면

말기 암 환자들이 죽기 전에 했던 적지 않은 후회들이 사실 나에게도 적용되는 내용들임을 부인할 수 없다. 경제적인 문제와 미래를 확신하지 못한다는 이유로 하고 싶은 일을 하지 못하고 불편한 심정으로 적성에 맞지 않는 직장에 붙어 있던 점도 그렇고, 가고 싶은 여행지를 여유가 되면 가겠다고 미루다가 결국은 코로나19로 아무 데도 가지 못했던 점도 사실이다.

오스트레일리아의 한 요양원에서 말기 암 환자를 돌보았던 간호사 브로니 웨어 Bronnie Ware가 블로그에 올렸던 글을 모아 낸 책《죽을 때 가장 후회하는 다섯 가지 The Top Five Regrets of the Dying》에도 오츠 슈이치의 글과 비슷한 내용이 있다. 브로니 웨어는 수년간 말기 암 환자 병동에서 일하며 죽음의 문턱에 놓인 이들의 이야기를 수시로 기록했는데, 그중 다섯 가지를 뽑으면 아래와 같다.

1. 내가 원하는 삶을 살지 못한 것
2. 일만 너무 열심히 한 것
3. 감정 표현에 솔직하지 못했던 것
4. 옛 친구들의 소중함을 몰랐던 것
5. 내 행복을 위해 노력하지 못한 것

이들은 대부분 다른 사람의 시선과 기대에 맞춰 자신의 삶을 살았던 것을 후회했다. 남을 의식하는 바람에 결국 내 꿈을 이루지 못한 것을 가장 후회스러운 첫 번째로 꼽았다. 일만 너무 열심히 한 것에 대해서는 대부분 남성 환자들이 후회를 했는데, 이들은 직장 생활 때문에 가족들과 행복한 시간을 많이 갖지 못한 것을 안타까워했다.

이들은 또한 오래된 습관과 틀에 머물러 변화를 시도하거나 도전하지 못한 것을 후회했는데 결국 자신의 행복을 위해 스스로 노력하지 못한 셈이 됐다고 후회했다.

나 역시 가장 후회스러운 일은 바로 '나에 대해 너무 늦게 알았다는 점'이다. 젊었을 때 더 넓은 세상에 도전하지 못한 것이 아쉽다. 젊었을 때 나를 찾는 여행을 떠났어야 했고, 남의 인생이 아닌 내 인생을 살았어야 했다.

늦은 감이 있지만 그래도 〈꿈을 찾는 아카데미〉를 운영하고 비전캠프를 진행하며 나는 꿈을 찾았고 실행했다. 일단 한 발을 떼고 나니 생각지도 않게 나를 발견할 수 있었다. 내 꿈을 깨닫게 되었고, 그때부터 행복을 느낄 수 있었다.

후회는 꿈을 막는 장애물이다. 후회할 시간에 한 번이라도 더 도전하자. 꿈을 향해 한 발을 떼 보자. 죽는 순간에 "이것도 해볼 걸, 저것도 해볼걸" 하면서 '걸걸걸' 하지 말고, "내가 하고 싶었던 이것도 해보았고 저것도 해보았지" 하면서 '껄껄껄' 웃는 삶을 살아야 한다. 고민만 하다가 시간이 흐르면, 인생을 마무리하는 시점에서 결국 후회하게 되지 않을까?

틀을 깨는 자가 되자

꿈을 막는 장애물 중에서 오랜 시간에 걸쳐 세뇌되듯 형성된 것이 사고_{思考}의 틀이다. 때로는 내 경험을 통해 틀을 만들기도 하고, 때로는 책이나 동영상 강의 등 간접 경험을 통해 틀을 만들기도 한다. 특정 이념이 최고라는 식의 국가적인 차원에서 만들어진 틀도 존재한다.

대개 개인적으로 만들어진 틀은 개인의 성향이나 기질에 의해서도 영향을 받는다. 새로운 환경에 잘 도전하지 않으려는 성향의 사람들은 큰 변화가 없는 안정적인 삶을 추구하는 편이다. 반면에 외향적이고 변화를 좋아하는 성향의 사람은 한군데 머무르는 것을 견디지 못한다. 끊임없이 새로운 도전을 하고 심지어 다른 나라에서 살아가는 것도 두려워하지 않는다.

같은 지역에서 똑같은 중고등학교에 다녔던 친구 사이라도 10년의 세월이 흐르고 나면 완전히 다른 삶을 살아간다. 한 명은 공무원이 되어서 안정된 삶을 살아가고 있을 수도 있고, 다른 한 명은 전 세계를 돌아다니며 식견을 넓혀 전혀 생각하지 못했던 삶을 살아가고 있을 수도 있다.

굳어진 사고의 틀, 즉 고정관념은 우리 행동의 방향성을 결정한다. 바다가 위험하다고 믿는 사고의 틀은 수영을 배우지 못하게 하고, 해수욕장의 물놀이도 거부하며, 비행기는 추락 위험이 있다고 믿는 사고의 틀은 기차나 자동차로만 이동하게 한다. 당연히 비행기를 타고 가야 하는 해외여행은 아예 꿈도 꾸지 못한다.

반면에 이러한 사고의 틀을 깨면 생각지도 못한 결과를 얻게 된다. 스티브 잡스는 휴대전화가 전화만 된다는 고정된 시각에서 벗어나 컴퓨터 업무를 손안에서 하는 신개념의 스마트폰을 등장시켰다. 우주탐험은 국가에서 큰돈을 들여서 추진하는 것이라는 고정관념을 깬 일론 머스크는 우주를 개인이 여행할 수 있는 민간 우주여행 사업으로 현실화시켰다. 장난감은 어린이만 가지고 노는 것이라는 고정관념을 깬 레고는 어른 고객의 모임인 AFOL Adult Fan of Lego을 지원하면서 2000년대 들어 레고 비즈니스를 급성장시켰다.

우리나라만 보아도 사고의 틀을 깬 사례를 많이 찾아볼 수 있다. 순두부를 이탈리아 젤라또처럼 만든 '순두부젤라또'는 강릉의 명물이다. 순두부젤라또를 만든 젊은 사장은 자기 고향의 특산물인 순두부를 젤라또처럼 쫀득하게 만들고 싶어서 이탈리아까지 유학을 가서 기술을 배워왔다. 젊은이들이 좋아한다는 '크로플'이라는 신개념 음식도 있다. 크루아상 생지를 와플에 넣겠다는 새로운 발상으로 만들어진 음식이 크로플이다.

세상의 변화는 남들과 다르게 생각하는 사람들이 이끌어왔다. 많은 사람이 그들을 괴짜라고 말하지만, 그들은 단지 남들과 다르게 생각한 사람이다. 남들이 당연하다고 생각하는 것들을 다른 각도에서 바라보고 시도하며 도전한 사람이다.

이런 사람들은 자신만의 꿈을 찾는다. 그리고 언젠가는 그 꿈을 실현한다. 그리고 자신이 이룬 그 꿈으로 다른 사람들도 꿈을 꾸게 만든다. 그렇다면 틀을 깨려면 어떻게 하면 될까?

첫째, 마주하는 현상에 '왜?'라는 질문하기

그동안 당연하다고 생각해 왔던 현상을 마주할 때마다 '왜?'라고 질문해 보자.

"왜 우리는 이렇게 열심히 영어를 배워야 하지? 외국인이 한국어를 배우면 안 되나?"

"왜 식사는 하루에 세 번 먹어야 하지? 한 번이나 두 번만 먹으면 안 되나?"

"왜 학교는 초등학교 6년, 중학교 3년, 고등학교 3년이지? 4년씩 공평하게 섞으면 안 되나?"

'왜?'라는 질문은 틀을 깨게 만든다. 고정관념 속에 묻힌 나의 습관을 흔든다. 한 번도 이상하다고 여기지 않았던 것에 대해 한 번 더 생각하게 하고, 더 나아가 그 분야에 대해 근본적인 고민을 하게 한다.

대화형 인공지능 프로그램인 챗GPT가 등장하면서 가장 중요하게 대두된 것이 바로 '질문하는 능력'이다. 질문을 해야 결과를 얻을 수 있는데 '어떻게 질문하느냐'에 따라 결과물이 완전히 다르다. 질문을 잘하려면 창의력을 길러야 하고, 좋은 결과물을 얻으려면 평소 당연하다고 생각했던 것을 직면했을 때 '왜?'라고 스스로 물어보아야 한다.

둘째, 새로운 경험 쌓기

고정관념은 일반적으로 과거의 경험이나 정보를 바탕으로 현재나 미래의 사실 판단에 영향을 준다. 그래서 새로운 경험을 하면 지금까지의 경험에서 얻은 것을 교정하는 효과가 있다. 미국 서부 여행을 단 일주일 다녀오고 나서 '미국은 날씨가 온난하고 사람들은 개방적이다'라고 말하는 것보다 서부, 동부, 남부, 중부를 두루 다녀보고 나서야 비로소 정확하게 판단할 수 있다. 우리도 다양한 경험과 생각, 다른 사람들과의 토론 등을 통한 종합적인 판단을 해야 잘못된 틀을 깰 수 있다.

셋째, 비판적 사고와 자기반성 하기

자기 생각이 무조건 맞다고 우기는 사람들이 있다. 우기는 사람치고 맞는 말을 하는 사람이 별로 없다. 상황을 다각도로 보는 훈련이 되어 있어야 비판적인 사고를 할 수 있고, 자신의 주장이 맞지 않을 수 있다는 것도 알게 된다. 그러면 자기반성을 통해 잘못된 틀이 깨어지고 새롭게 재정립된다.

'세 살 버릇 여든까지 간다'라는 우리나라 속담이 있다. 그만큼 애써서 고치지 않으면 웬만해서는 잘 안 바뀐다는 뜻이다. 틀 안에 안주하면 몸은 편하다. 하지만 틀 밖으로 나오지 않으면 진짜 내 꿈을 이룰 수 없다. 도전하지 않기 때문에 그냥 꿈으로만 끝나게 된다.

사고의 틀을 깨라는 말이 사회를 지탱하는 모든 근간을 다 흔들라는 뜻은 아니다. 그 모든 것을 흔들면 내 존재도 없어진다. 중요한 것은 지금까지 당연하다고 받아들여 온 내 안에 생성된 고정된 틀 안에 안주하는 것은 꿈을 방해하는 커다란 장애물이라는 점이다. 이 장애물을 넘어서야 꿈을 이루기 위한 더 큰 세상으로 나아갈 수 있다.

포기하지 말고
희망의 씨앗을 찾아라

가장 안 좋은 사회는 희망을 꿈꿀 수 없어 그대로 포기하는 사회다. 경제적으로 어려워도 희망이 있으면 미래를 바라보고 견딜 수 있다. 문제는 포기하는 것이다. 아무리 힘들어도 희망을 품으면 가능성이 있지만, 포기하면 아무것도 얻을 수 없다.

행복이 돈의 많고 적음의 문제라면 전 세계 경제 선진국이라는 OECD 국가 국민은 다 행복하고 가난한 나라 국민은 다 불행해야 하는데, 실상은 OECD 국가 국민의 자살률이 훨씬 더 높다. 경제력을 기준으로 전 세계 10위권인 우리나라의 자살률은 2020년 말 기준 세계 1위다. OECD 평균의 2배가 넘는다. 우리나라 국민 10~30대의 사망 원인 중 1위가 자살이다. 젊은이들이 스스로 자기 삶을 포기한다.

2021년 5월 19일 한국개발연구원KDI 경제정보센터가 발간한 '나라경제 5월호'에 따르면 한국의 2018~2020년 평균 국가행복지수는 10점 만점에 5.85점으로 OECD 37개국 중 35위로 최하위권이다. OECD 국가 내 1위는 핀란드로 7.84점이었고, 호주가 7.18점, 미국이 6.95점, 일본이 5.94점이다. 고령화 속도와 노인빈곤율 역시 우리나라가 OECD 국가 중 1위이며, 미세먼지 농도도 핀란드의 5배가 넘어 압도적인 1위를 차지했다.

그뿐만이 아니다. 2020년 우리나라 집값 상승률은 8.35%로 최근 14년 동안 가장 높았다. 서울은 10.7% 올라서 2021년 4월 기준 서울 아파트 평균 매매가가 11억 원을 넘었다. 국회 기획재정위원회에서 분석한 내 집 마련 기간은 2021년 1분기 말 기준으로 도시근로자 평균 월간 순소득 148만 652원을 기준으로 62년이 걸린다. 즉 순소득이 월 150만 원 정도인 평범한 직장인이 11억 원짜리 서울 아파트를 사려면 62년이 걸린다는 뜻이다.

통계청이 발표한 우리나라 실업률은 2021년 2월 기준 5.7%로 2001년 3월 (5.1%) 이래 최고치다. 청년체감실업률은 2021년 1월 기준 27.2%로 거의 열 명 중 세 명은 실업 상태다.

2020년 전국경제인연합회 전경련 산하 한국경제연구원 한경연에서 4,000여 명의 4년제 대졸자 및 졸업 예정자를 대상으로 조사한 예상 취업률은 45%가 안 된다. 코로나19의 영향도 크겠지만, 높은 실업률은 청년들에게 좌절을 안겨주었다.

사람을 뽑는 곳이 없으니 취업을 할 수가 없고 취업을 못 하니 돈을 벌 수가 없으며, 돈이 없으니 집을 얻을 수도 없고 결혼도 계속 미루게 된다. 처음에 집, 직장, 결혼 등 세 가지를 포기한다고 해서 '3포 세대'라고 불리다가, 이제는 그 어떤 것도 할 수 있는 것이 없다고 하여 'N포 세대'로 바뀌었다.

코로나19로 인해 야기된 어려운 취업은 한국만의 문제는 아니다. 글로벌 컨설팅 회사 '맥킨지 McKinsey'는 2021년 3월 1일 〈코로나 이후 일자리의 미래 The future of work after COVID-19〉라는 보고서를 발간했다. 맥킨지는 코로나19로 세상이 자동화되면서 2030년까지 미국에서 4,500만 명의 일자리가 기계로 대체될 것으로 전망했는데, 더욱 충격적인 것은 코로나19가 종식되기도 전에 3,700만 개의 일자리가 대체될 것이라고 전망했다는 점이다. 3,700개도 아니고 3,700만 개다.

맥킨지가 전망한 사라지게 될 일자리는 소매점, 은행, 우체국 종사자, 레저, 여행, 호텔, 레스토랑 종사자 및 사무실 직원 등이다. 이는 전자상거래와 디지털 거래의 증가 및 재택근무 증가로 인한 출장 감소와 노동 수요 감소 등의 원인 때문으로 분석했다.

맥킨지는 평생 재택근무 분야가 나올 것으로 예측했는데 이는 약 800개 직종, 2,000개 직업이 생산성의 손실 없이 집에서만 일해도 문제가 안 된다는 뜻으로, 기업들은 현재 사무실의 약 30% 정도를 축소할 것으로 내다보았다. 코로나19가 잠잠해져서 오프라인으로 복귀하고 있는 2023년 기준으로도 선진국의 3분의 1이 사무실에서 대면 근무를 하는 직업인데, 이런 흐름이라면 머지않아 적지 않은 직업이 사라지지 않을까?

이런 와중에 소프트웨어 개발자들의 몸값은 천정부지로 뛰었다. 개발 직군 인력 확보를 위해 IT 기업과 게임 업체에서 연봉을 경쟁적으로 올리고 있다는 뉴스를 어렵지 않게 볼 수 있다. 몇몇 회사에서 개발 직군 신입사원의 연봉을 삼성전자 신입사원보다 훨씬 많이 주기로 했다는 것이다. 한쪽에서는 취업이 안 된다고 아우성인 가운데 '챗GPT'의 등장으로 AI 개발자는 연봉도 훨씬 많고 온갖 보너스까지 받는데도 사람이 없어서 난리다.

〈U.S. News〉에서 조사한 '2021년 100대 직업'을 보면 소프트웨어 개발자가 2위에 올라 있다. 상위 10대 직업에는 전담 간호사, 헬스매니저, 수의사, 통계학자, 언어 병리학자 등 인간의 손이 반드시 필요한 직업이 포함된다. 세상은 빠르게 변하지만 여전히 인간의 손이 필요한 곳은 많다. 창의적인 일이나 사람을 돌보는 일 등은 아직 인공지능이 대체할 수 없다. 이처럼 우리는 사람이 할 수 있는 일에 집중함으로써 희망을 찾아나가야 한다. 또한 변화하는 미래에 맞추어 새로운 기술을 배우고 습득하는 일을 멈추어서는 안 된다. 앞으로 우리가 살아가야 할 미래는 기회와 위협이 공존하는 세상이다. 하지만 위협에만 집중한다면 우리는 희망을 찾을 수 없을 것이다. 어려운 환경이 포기를 이야기할 때 희망의 씨앗도 손짓한다는 것을 항상 기억하자.

그래도 우리는 희망 세대다

씨앗에 물을 주면 싹이 난다. 그 안에는 생명이 들어 있다. 싹에서 이파리가 나면 광합성을 하여 줄기가 되고 더 자라 나무가 된다. 다 큰 나무는 열매를 맺는다. 그 열매를 먹고 또 다른 생명이 잉태된다. 그러나 씨앗에 물을 주지 않으면 씨앗은 말라 버린다. 식물이 잘 자라려면 물 외에도 적절한 영양분과 햇빛이 필요하다. 텃밭에 씨앗을 심어 놓고 물을 주고 햇볕을 쬐도록 날마다 특별한 관심을 기울여야 한다. 처음 꿈을 꾸는 일은 마치 씨앗을 심은 것과 같다. 그 꿈이 쑥쑥 자라나도록 지속적인 관심과 자극이 필요하다. 꿈은 한 번 꾸었다고 죽을 때까지 변하지 않고 계속되는 것이 아니다.

우리 부모 세대 중 아메리칸드림을 꿈꾸고 미국으로 건너간 사람들이 많다. 당시 한국은 경제적으로 어려워 자녀가 잘될 환경이 척박했지만 미국은 기회의 땅이었다. 그들이 말도 안 통하는 곳에서 어렵게 살았던 것은, 자녀들이 미국 사회에서 성공하기를 바라는 오직 한 가지 꿈 때문이었다. 그 꿈은 당장 눈에 보이지 않지만, 희망의 씨앗이 되어 자라고 열매를 맺는다. 그래서 그다음 세대 중에서 경제계와 정치계에서 성공한 사람들이 등장한다.

겨우내 베란다에 놓은 화분 속에서 앙상한 가지만 남아 죽은 것처럼 보이는 식물도 물만 잘 주면 이듬해 봄에 어김없이 싹을 틔운다. 생명이 있으면 죽지 않는다. 인간에게는 그것이 꿈이고 비전이다. 지금 현실이 고단하고 어려워도 꿈을 버리지 않으면, 그 씨앗은 반드시 싹을 틔운다. 인간은 꿈을 먹고 사는 존재이기 때문이다.

황새에게 잡아먹히는 개구리가 두 손으로 새의 목을 조이는 팀 허들스턴Tim Huddleston의 '절대 포기하지 마!' 포스터를 본 적이 있다. 개구리의 머리는 이미 새의 부리 속으로 들어간 상태이지만, 앞다리로는 새의 목을 조여 자신을 삼키지 못하게 하고 있었다. 그림의 하단에는 'Never Give Up!절대 포기하지 마!'라고 쓰여 있다.

청년이 모든 것을 다 잃어도 결코 잃어서는 안 되는 것이 희망인데, 지금의 상황은 IT 분야 개발 직군을 제외하면 그 희망을 갖기가 어렵다. 그렇다

팀 허들스턴의 포스터

고 '에라 모르겠다!' 하고 자포자기하는 심정으로 살아서는 안 된다. 절대 희망을 포기해서는 안 된다.

1997년 제8기 동양증권배 바둑 결승에서 조훈현 9단은 준결승에서 이창호 9단을 꺾고 올라온 일본의 고바야시 사토루 小林覺 9단에게 1국, 2국, 3국 거의 다 진 판을 버티며 막판에 역전해서 우승했다. 조훈현은 이렇게 말했다.

"내가 버텼던 이유는 이겨야 한다는 욕심 때문이 아니라, 아직 이길 기회가 있다는 희망 때문이었습니다."

이 시대 청년들에게도 마찬가지다. 오프라인에 기회가 없으면 온라인을 찾아보고, 회사가 사람을 뽑지 않으면 내가 회사를 차리면 된다. 어려운 상황은 모두에게 다 똑같다. 내가 원하는 직업이 사라진다고 꿈을 포기하고 비관적인 마음을 갖지 말아야 하는 이유는, 내가 생각하는 그 직업 자체에만 몰두하지 않고 그 직업을 이루는 근본적인 꿈의 동기를 생각하면 그와 연결된 또 다른 직업으로 나를 이끌 수 있기 때문이다.

어려움에 봉착하면 현실을 피하고 싶은 나머지 극단적인 생각을 한다. 어쩌면 그 당시에는 그만큼 견디기 힘든 상황이었을 수 있다. 그러나 희망은 어둠 속에서 시작된다. 어둠이 없으면 희망이라는 단어도 의미가 없다. 영어 속담에 'Time heals'라는 표현이 있다. 직역하면 '시간이 치료한다' 즉 시간이 약이라는 뜻이다. 그 순간 자체는 죽을 것처럼 견디기 힘든 상황 같아도 시간이 지나고 나면 그 순간을 담담하게 생각할 수 있다.

《어린 왕자》의 저자인 생텍쥐페리 Saint-Exupéry 는 이렇게 말했다.

"사막이 아름다운 것은 어딘 가에 샘이 있기 때문이다."

겨울이 오면 봄이 멀지 않았다는 것을 기억하자. 인생은 선택이다. 절망을 선택하거나 희망을 선택하거나, 어차피 무언가를 선택해야 한다면 희망을 선택하자. 한 생명의 가치는 아무리 많은 돈으로도 살 수 없을 만큼 비싸다.

　그러므로 중요한 것은 '내가 어떤 마음가짐으로 살아가는가'다. 없는 희망도 만들어 내야 한다. 사회가 'N포 세대'라고 말해도, 스스로는 희망 세대라고 불러야 한다. 결코 포기해서는 안 된다. 포기함으로 내 꿈이 커다란 장애물을 만나서는 안 된다. 포기하지 않으면 반드시 꿈을 실현할 수 있다. 시간문제일 뿐이다. 어제 내가 꾼 꿈은 오늘이라는 희망이고, 내일이 되면 현실이 되기 때문이다.

"배를 만들게 하고 싶다면 배를 만드는 법을
가르치는 대신 무한한 바다에 대한
그리움을 갖게 하라."

― 생텍쥐페리 Antoine de Saint Exupéry ―

Chapter 3

미래를 위한
완벽한
진로 탐색

생각하고 질문하는
능력이 중요하다

2019년 12월 중국 우한武漢에서 시작된 코로나19로 전 세계는 역사상 한 번도 경험해 보지 못한 삶을 살게 되었다. 회사에서도 병원에서도 심지어 수영장에서도 마스크를 쓰고 수영하는 모습을 보아야 했다. 한마디로 지구상 모든 곳에서 마스크를 착용해야 할 만큼 코로나19는 3년이 넘도록 우리 삶을 힘들게 했다.

코로나19는 교육의 근간을 마구 뒤흔들어 놓았다. 학교에서는 마스크를 쓴 채 개인 자리마다 아크릴로 가림막을 세워 놓고 수업을 했고, 나중에는 집에서 온라인으로 비대면 수업을 진행했다. 비대면 수업은 비말 감염을 막는다는 측면에서는 탁월했지만, 수업 집중도를 떨어뜨려 궁극적으로 기초 학력 저하를 가져왔다.

내가 교감으로 있던 학교에서도 학력 저하 학생이 있었다. 생활은 멀쩡한데 이상하게 수업에 집중을 못했다. 처음에는 집이 멀어 등하교가 피곤해서 그런 줄 알았다. 그런데 한두 과목이 아니었다. 선생님이 질문을 하면 자꾸만 엉뚱한 대답을 했다. 결국 문해력 테스트를 진행했다. 결과는 충격적이었다. 중학생인데 초등학교 5~6학년 수준이라는 결과가 나왔다. 역산해 보니 학력이 코로나19로 온라인 수업을 시작하던 바로 그때 수준에 딱 멈춰 있었다.

2020년 6월 초4~고3 학생 20만 85명을 포함한 학부모, 교사 총 66만 2,121명을 대상으로 실시한 설문조사에 대한 경기도교육연구원의 분석자료를 보면 고교생의 경우 온라인 수업의 단점을 아래와 같이 꼽았다.

1. 집중력이 떨어지고 인터넷 검색, SNS 등을 자주 한다. (22.8%)
2. 동아리 활동이나 체험 활동을 하지 못한다. (16.2%)
3. 친구들과 어울릴 수 있는 시간이 줄어든다. (11.7%)
4. 공부를 잘하는 학생과 못하는 학생의 실력 차이가 더 벌어진다. (11.3%)
5. 설명 중심의 수업이 많아 학습 흥미가 떨어진다. (9.7%)

교육자로서 초중고 학생들을 바라보면 정말 안쓰럽다. 코로나19로 영어 스피킹 실력이 거의 늘지 않았다. 선생님의 입을 보아야 정확하게 발음을 따라 하고 표정을 읽으며 문맥상 분위기를 파악하는데 선생님이 마스크를 착용하고 설명하다 보니 발음도 또렷하게 들리지 않고 커뮤니케이션이 쉽지 않았기 때문이다.

코로나19의 피해는 대학생도 마찬가지다. 코로나19가 시작되자마자 대학교에 입학한 1학년은 온전히 온라인 수업으로만 학년을 마쳤다. 온라인으로 입학한 이래 1년 동안 오프라인 캠퍼스를 단 한 번도 밟아보지 못한 학생이 대부분이다. 2~3년제 전문대학에는 실습조차 못 한 채 학교도 몇 번

가보지 못하고 졸업한 학생들도 생겨났다.

그래도 이런 상황이 다행히 3년 만에 거의 안정화되었다. 그런데 기술 면에서의 새로운 환경이 도래했다. 바로 '챗GPT'다. 챗GPT는 OpenAI에서 개발한 대화형 인공지능 서비스로 수십억 명 인간의 누적된 대화와 정보를 대량으로 학습했기 때문에 매끄럽게 대화가 진행된다. 마치 사람과 대화하는 느낌이며, 업그레이드가 되면서 답변도 상당히 정확해졌다. 심지어 목표만 주면 과정과 결과까지 자동으로 해내는 오토GPT까지 등장했다.

전 세계 검색 비중이 90%를 차지하는 압도적인 1위인 구글도 2023년 5월에 생성형 AI 챗봇 '바드 Bard'를 급하게 출시했다. 그만큼 챗GPT가 위협적이기 때문이다. 바드는 5,300억 개 매개 변수로 만든 최신 대규모 언어모델 팜2 PaLM2를 탑재하여, 챗GPT 대비 정보가 최신일 뿐만아니라 더 인간적이고 개인화된 경험을 선보인다. 더욱이 바드는 영어에 이어 한국어를 두 번째로 지원하고 있어서 우리나라 사람에게 매우 편리하다.

학생들이 챗GPT를 통해 리포트를 작성하고 A+를 받는 사례도 나타났다. 학교는 뒤늦게 챗GPT를 통해 작성한 리포트를 골라내겠다고 하지만 동일한 질문에도 다른 리포트를 만들어 주는 챗GPT를 골라내기는 쉽지 않다. 그뿐만 아니다. 음악 작곡도 하고, 시도 쓰고, 시험도 본다. 미국대학 수능에 해당하는 SAT 시험에서도 고득점을 냈고 미국 의사 고시와 변호사 고시도 상위 10% 이내의 성적으로 통과했다. 챗GPT는 마치 1990년대 전 세계의 모든 생활과 비즈니스 환경을 바꿔 버린 인터넷의 첫 등장을 떠오르게 한다.

새로운 환경은 교육, 생활, 비즈니스 모든 면에서 새로운 변화를 가져오고 있다. 우리도 같은 속도로 발맞추어야 주도권을 잡을 수 있다. 변화에는 반드시 기회가 있기 때문이다. 인공지능이 대세인 미래에는 인공지능을 모르면 살기가 몹시 불편해진다. 노인분들이 인터넷뱅킹을 잘 못해서 불편한 것과 비슷하다.

현세대는 이미 온라인과 인공지능이 삶의 한 부분이다. 하지만 인공지능과 직접 경쟁해서 이길 사람은 없다. 인간 개발자보다 인공지능이 코딩도 더 빠르고 정확하게 한다. 그렇다면 인공지능 시대 우리는 어떤 교육을 받아야 할까? 인공지능과 경쟁할 수 있는 능력을 기르는 교육이 아니라 인공지능을 활용할 수 있는 사람이 되는 교육이다.

안타깝게도 우리나라 교육환경은 이런 급격하고 빠른 변화 속에서도 여전히 느리게 흘러간다. 정보를 받아들이고 그것을 바탕으로 시험점수를 잘 얻는 교육으로는 빠르게 변화하는 세상을 따라가기 어렵다. 생각하는 힘을 기르는 교육, 미래를 이끌어 갈 창의력을 기르는 교육, 예상하지 못한 상황에 맞닥뜨렸을 때 자신 있게 그 문제를 해결하는 능력을 키우는 교육이 필요하다.

미래 사회에는 '질문을 잘하는 능력'이 필요하다. 인공지능은 인간이 질문한 것에 대해서는 빠르고 정확하게 답을 찾아내지만 스스로 질문하지 못하기 때문이다. 챗GPT는 자연어 처리 기술을 기반으로 수많은 사람의 방대한 질문과 답변의 빅데이터를 바탕으로 훈련된 것이어서 질문을 잘해야 정확한 답을 얻을 수 있다. 질문을 제대로 하지 못하면 인공지능의 답이 맞는지 아닌지 분별하기 어렵다.

2023년 4월 19일 교육부 주관 교육·인재정책 세미나에서 카이스트 이광형 총장은 〈국가 인적자원 3차원 균형 전략〉이라는 기조연설에서, KBS에서 진행했던 〈도전 골든벨〉 프로그램이 없어져서 속이 다 시원하다고 했다.

이유인 즉, 〈도전 골든벨〉은 수많은 정보를 머릿속에 그저 잘 암기해서 문제를 맞히는 대회였기 때문에 온라인에 있는 정보를 찾기만 하면 되는 지금 시대에 맞지 않는 프로그램이라는 것이다. 대한민국 대표 공중파 방송이 알게 모르게 중고등학교 학생들에게 암기왕을 영웅으로 만드는 일을 하고 있었던 셈이다.

자녀가 학교에서 돌아오면 우리나라 부모는 "오늘 선생님 말씀 잘 들었니?"라고 묻고, 유대인 부모는 "오늘 선생님께 어떤 질문을 했니?"라고 묻는다. 수동적으로 잘 듣는 것이 잘 배운 것이라고 생각하는 우리와 달리 유대인은 능동적으로 질문을 잘해야 제대로 수업을 했다고 생각한다. 질문을 잘하려면 생각해야 한다. 생각하는 힘이 없으면 좋은 질문을 할 수가 없다. 그래서 그들이 세계 인구의 2%밖에 안 되면서도 노벨상의 22%를 휩쓰는지도 모르겠다.

IT 기기를 자유롭게 다루면서 자신의 생각을 정립하는 청소년 시기에는 무엇보다 생각하는 힘을 키워야 한다. 온종일 입시학원에 갇혀 있기보다는 논리적인 사고와 분별력을 키우며 다양한 경험을 하려고 노력해야 한다.

미래를 위한 선택은 다양하다

《미래 쇼크》, 《제3의 물결》, 《권력 이동》 등 세 권의 책으로 세계적인 지식인의 반열에 올랐던 미래학자 앨빈 토플러 Alvin Toffler가 세 차례 한국을 방문하여 던진 말은 우리나라의 교육 현실을 적나라하게 말해 준다.

"한국 학생들은 하루 15시간 이상을 학교와 학원에서,
자신들이 살아갈 미래에 필요하지 않은 지식을 배우기 위해
그리고 존재하지도 않을 직업을 위해 아까운 시간을 허비하고 있다."

학생들이 인생의 아까운 시간을 허비한다는 표현에서 볼 수 있는 안타까움이 느껴지는 이 말을 살펴보면 미래를 내다보는 그의 놀라운 통찰력이 드러난다.

세상의 기술이 너무 빨리 발전하다 보니 지금까지 사실이라고 여겨져 왔던 것이 거짓으로 판명되거나 새로운 혁신을 통해 더 좋은 방법이 금세 나

타난다. 그러면 과거의 방법과 지식은 더 이상 사용하지 않거나 사용할 수 없는 옛 유물이 된다.

20~30년 전 대학교수들처럼 이제는 자신이 박사학위를 받을 때 배운 내용으로 10~20년씩 학생들을 가르칠 수 없다. 온라인에 웬만한 정보가 다 있다. 더 놀라운 것은 그 정보가 사용자들의 자발적인 참여와 헌신으로 실시간 업데이트가 된다는 점이다. 인터넷에 박사학위 수준의 내용이 다 있고 심지어 미국 하버드대, MIT 등 수많은 명문대의 수업도 무료로 들을 수 있다. 자신이 조금만 노력하면 유용한 지식을 방 안에 앉아 얼마든지 얻을 수 있는 세상이다.

2016년 1월 스위스 다보스 Davos에서 열린 세계경제포럼 World Economic Forum에서 포럼 창립자인 클라우스 슈밥 Klaus Schwab 회장이 던진 화두가 '제4차 산업혁명'이다. 이때 그는 인공지능, 유전공학, 유비쿼터스 Ubiquitous 등 물리적 환경 변화로 촉발된 4차 산업혁명 시대에 700만 개의 직업이 사라지고 200만 개의 4차 산업혁명과 연계된 새로운 직업이 생길 것이라고 말했다. 실제로 공장 자동화 프로세스로 많은 일자리가 로봇으로 빠르게 대체되었다.

우리나라는 산업용 로봇 의존도가 전 세계에서 가장 높은 나라이다. 국제로봇연맹에 따르면 2017년 근로자 1만 명당 산업용 로봇 대수는 전 세계 평균이 85대, 미국이 200대, 일본이 308대, 독일이 322대인데 우리나라는 710대로 압도적인 1위다.

로봇이라 하여 사람처럼 생긴 로봇만을 생각하면 안 된다. 요즘에는 식당이나 카페에서 키오스크 Kiosk라고 부르는 무인 음식 주문 기계를 많이 볼 수 있다. 사람들은 스크린에 나타난 메뉴판을 보고 주문을 하고 신용카드로 계산한다. 사람이 대면하여 주문받는 식당은 점점 줄어들고 있다. 식당 입장에서는 인건비가 줄어드니 장기적으로 오히려 이익이다. 기계가 드립 커피도 내리고 라면도 끓인다.

아직 보편화 단계는 아니지만 병원도 로봇을 활용하여 정밀 수술을 하고, 환자들도 인간 의사보다 수많은 빅데이터를 바탕으로 진단하는 AI 의사를 더 신뢰한다고 한다. 법조계도 로펌 회사들이 로봇 변호사를 채용하여 업무를 담당하고 있다. 비싼 연봉을 지불해야 하는 인간 법조인보다 더 저렴한 비용으로 훨씬 더 빠르고 정확하게 판례를 찾아주기 때문이다.

하지만 대한민국의 교육은 여전히 학교와 학원에 보내 새벽까지 점수를 위한 공부를 시키고 있음을 앨빈 토플러가 정확히 지적했다. 그런 목적으로 공부를 해서인지 서울대에 합격하고도 의대에 가기 위해 등록을 포기하는 숫자가 매년 신기록을 세운다. 그런데 만일 10여 년을 밤새워 공부한 그 직업이 사라질 직업이라면? 새롭게 생겨나는 직업군에 대해 잘 몰라서 신규 취업도 어렵다면?

학교의 의미를 생각해 보자. 우리는 현실의 환경과 조건이 흔들릴 때 근본을 다시 생각해야 한다는 것을 기억해야 한다. 내가 왜 공부를 해야 하는지, 어떤 공부를 해야 하는지, 학교를 선택한다면 어떤 학과를 어떤 이유로 선택해야 하는지를 먼저 생각해야 한다. 미래에 내 인생을 편하게 해 주는 쓸모를 따져서 학교에 가는 것이 아니라 진짜 하고 싶은 공부를 하는 학교, 내 꿈을 이룰 수 있는 학교에 가라는 뜻이다. 중고등학교도, 대학교도 마찬가지다. 익숙해진 사고의 틀을 깨지 않으면 새로운 기회는 얻기 어렵다.

코딩 수업과 융합 수업을 즐기는 내가 아는 8학년_{중학교 2학년} 학생은 이미 중학교와 고등학교 검정고시를 통과하고 온라인 학사 학위 과정으로 학사 공부를 병행하고 있다. 온라인 학사 학위를 취득하고 나서 컴퓨터 사이언스 전공으로 대학원 진학을 목표하고 있다. 어차피 대학 이름이 중요하지 않은 시대가 되어 오히려 심도 있는 공부가 가능한 대학원을 미리 준비할 수 있다고 했다. 주변을 돌아보면 선택할 수 있는 길은 많다.

2021년 2월에는 일반 대학에서도 100% 온라인 수업만으로 학사 학위를 받을 수 있는 길이 교육부 승인을 받아 열렸다. 경인교대 컴퓨터교육 전공, 고려대(세종캠퍼스) 개발정책학과, 국민대 인공지능응용전공, 목원대 하이테크학과 디지털드로잉 전공, 애니매이션VR캐릭터 전공, 순천향대 메디컬경영서비스학과, 영남대 스마트헬스케어학과 등으로 사회 기술 변화에 민감하고 혁신 수용성이 높은 신기술, 신산업 분야를 잘 반영하고 있다.

적성에 맞다면 지금 시대에는 오히려 이런 길을 찾아가는 것이 더 현명한 선택이다. 이렇게 공부하고 해당 전공과 연계하여 심도 있는 공부를 하고 싶다면 온라인 대학원으로 진학하면 된다. 2022년 12월 교육부에서 포항공대, 이화여대, 한양대 등 20개 학과를 온라인 석사 과정으로 선정했다. 찾아보면 갈 수 있는 길은 다양한데 어쩌면 몰라서 기존의 길을 고집하고 있는지도 모르겠다.

만일 부모님이 정해준 목표에 대한 입시공부가 아니라 자신이 좋아하는 인생 테마에 하루 15시간을 투자한다면 그는 어떻게 될까? 그 분야가 현재 있는 분야라면 그 방면의 최고 전문가가 될 것이고 아직은 없으나 미래에 생길 분야라면 그는 새로운 직업을 만드는 사람이 될 것이다.

지식의 유효 기간을
따져 보자

지금은 정보의 홍수 시대다. 정보가 너무 많아서 어떤 것을 버리고 어떤 것을 취해야 하는지를 정확히 분별하는 분별력이 요구된다. 그래서 전 세계적으로 성공한 상위 10%의 사람들은 해야 할 일을 정리한 'To do list'보다 하지 말아야 할 것을 정리한 'Not to do list'를 챙긴다.

세상이 너무 빨리 변해서 지식에도 유효 기간이 생겼다. 현재 미래학자와 교육학자들이 말하는 지식의 유효 기간은 2년이다. 쉽게 말해, 대학교 1학년 때 공부한 지식이 3학년 때는 쓸모없는 지식이 된다는 뜻이다. 그러다 보니 굳이 비싼 학비를 지불하면서 대학교를 다녀야 하는지 의문이 든다. 하버드 Harvard나 예일 Yale 같은 유명한 미국 사립대학교의 학비는 1년에 5~6만 달러에 이른다. 기숙사비에 생활비까지 합하면 1년에 8~9만 달러나 된다. 한화로 환산하면 거의 1억 원이다.

애플의 스티브 잡스는 대학에서 배우는 내용이 비싼 학비의 가치를 따라가지 못한다고 판단해서 부모님께 미안한 마음에 1년도 채 안 다니고 그만

됐다. 미국 중산층에게도 이 돈은 아주 큰 돈이다. 오랫동안 유지되지도 않을 정보를 위해 비싼 학자금을 내지 않아도 되는 새로운 시스템이 바로 '마이크로 대학'이다.

앨빈 토플러 이후 최고의 미래학자로 인정받고 있는 다빈치연구소장 토머스 프레이Thomas Frey는 마이크로 대학이 필요한 배경을 아래와 같이 말했다.

"2030년에 경제 활동을 시작하는 사람은 평생 8~10개 직업을 바꿔가며 일하게 될 것이다. 이를 위해 매우 구체적인 기술 재교육이 필요하다. 예를 들어 3D 프린팅 디자이너나 드론 파일럿Drone Pilot이 되는 지식을 배운다. 다시 대학으로 돌아가 2년간 공부해서 새로 학위를 따는 것은 현실성이 너무 낮다. 대신 2주에서 2개월짜리 짧은 교육에 대한 수요가 크게 높아질 것이다. 그런 교육을 제공하는 마이크로 대학이 대세가 된다. 정년을 보장받은 교수들이 포진한 기존 대학들은 방향을 돌리기 쉽지 않을 것이다."

그렇다면 우리는 어디에서 어떤 공부를 해야 할까?

우리는 빠른 사회 변화에 발맞추어 끊임없이 새로운 지식을 배워야 한다. '마이크로 학위Micro Degree'는 학점당 학위제를 말하는데 분야별로 지정된 최소 학점을 단기간에 집중 이수하면 학사 학위와 별개로 미니 학위를 주는 제도이다. 미국 실리콘밸리의 글로벌 기업들이 마이크로 학위를 기반으로 한 프로그램 수료자의 채용 기회를 늘리고 있다.

국내 대학 최초의 마이크로 학위는 2019년 창의력 수업Design Thinking을 기반으로 도입한 한남대다. 서울대 사범대학 수학교육과에는 'AI융합교육 마이크로 학위'가 있다. 서울대 학부생이 대상인 이 과정은 교과목 리스트에 포함된 교과목 중 총 12학점을 이수하면 서울대에서 전문성을 인정하여 AI 융합교육 마이크로 학위를 준다.

☑ DSC 공유대학 마이크로 학위

대전·세종·충남 지역혁신플랫폼인 'DSC 공유대학DSC Platform University'을 설립해 운영한다. 이 대학에서는 최소 9학점 이상, 최대 15학점을 들을 수 있으며, 이수하면 마이크로 학위증 표기 또는 이수증을 발급한다. 전공 및 과정으로는 모빌리티 ICT융합학부에 4개 전공(모빌리티 SW/AI융합 전공, 차세대통신융합 전공, 자율주행시스템 전공, 스마트 휴먼인터페이스 전공)이 있고, 모빌리티 소재부품융합학부에 4개 전공(친환경 동력시스템 전공, 지능형 전장시스템 전공, 첨단센서 융합디바이스 전공, 디스플레이-시스템 반도체 소부장 전공)이 있으며, 미래인재융합학부에 3개 과정(공공기관 직무이해 과정, ESG 과정, 지식재산 융합인재 과정)이 있다.

빠르게 변하는 4차 산업혁명 시대에 맞추어 대학의 평생교육 기능이 강화되고 있으므로 마이크로 대학은 이제 대학 교육의 새로운 패러다임으로 자리 잡아 가고 있다. 이러한 획기적인 변화가 가능한 것은 공급자 중심의 관점이 아니라 철저히 수요자 중심의 관점에서 교육 문화가 바뀌어 가기 때문이다.

온라인으로 배우는
무료 수업을 활용하자

흔히 MIT라고도 부르는 세계 최고의 공과대학 중 하나인 미국 매사추세츠 공과대학에 입학하지 않고 컴퓨터 사이언스 4년 과정을 독학으로 1년 만에 마쳐 미국 전역에 화제를 불러 모은 스콧 영 Scott H Young이라는 사람이 있다. 그는 자신이 터득한 학습법을 정리해서 《울트라러닝 Ultralearning》 이라는 책을 냈다. 학생들이 학교에서 배운 것을 실생활에서 써먹는 것을 '학습 전이 Transfer of Learning'라고 하는데 그는 학교가 만들어진 이후 거의 100년 동안 학습 전이가 제대로 일어나지 못했다고 하면서 이는 기존의 학습법이 잘못됐기 때문이라고 진단했다. '울트라러닝'은 간단히 '실전 학습'이라고 생각하면 좀 더 이해가 쉽다.

스콧 영은 먼저 학습할 큰 그림을 그리고 집중이 가능한 환경을 조성해서 자신에게 맞는 학습법을 통해 취약점을 공략하고, 배운 것을 스스로 테스트하며 피드백을 통해 발전시키고 반복 학습으로 기억하는 이해력의 작동 원리를 깨닫고 9가지 단계를 자신에게 적용하여 MIT 컴퓨터 사이언스 공부를 1년 만에 마쳤다. 간단히 표현하면 그는 마이크로 칼리지Micro College를 독학으로 실현한 셈이다.

이쯤 되면 우리가 알고 있는 대학에 대한 가치를 다시 정해야 할지도 모르겠다. 물론 대학에서 학문만 공부한다고 할 수는 없다. 새로운 사람들을 만나고 경험하며 다양한 인간관계와 활동을 통해 학문 외의 것들도 많이 배우고 익힌다. 하지만 그런 부분을 염두에 둔다고 해도 내야 할 등록금이 너무 비싸다. 다시 한번 곰곰이 생각해 보자. 지금의 대학이 우리의 꿈과 비전을 이루어 줄 수 있는 곳인가? 그렇지 않다면 최소한 내 인생의 꿈을 찾는데 작은 도움이라도 되는 곳인가? 만일 별 도움이 되지 않는다면 나는 어떤 결정을 내릴 것인가? 혹은 꿈은 포기하고 취업을 위해 필요한 졸업장을 따기 위해서라도 대학을 가야 하는가?

물론 마이크로 대학이 질적으로 우수하다는 보장은 없다. 인터넷에 올라와 있는 모든 정보가 100% 정확하다는 보장도 없으며, 엉터리 정보도 수두룩하다. 이 시대에 진짜 필요한 것은 분별력과 열정이다. 분별력은 옳고 그른 것을 구별하는 능력이다. 엉터리 정보를 걸러내고, 정확하고 올바른 정보를 골라내는 능력이 있어야 필요한 지식을 얻을 수 있다. 그러나 열정이 없으면 중간에 포기할 가능성도 크다.

스콧 영처럼 스스로 공부하려는 열정이 없으면 MIT 코스를 1년 만에 끝내든 말든 아무도 상관하지 않는다. 하지만 열정이 있으면 몰입하게 되고 몰입하면 자동으로 울트라러닝을 하게 된다. 지식의 유효 기간이 있어도 그 기간 안에 필요한 정보를 얻는 것은 말할 것도 없다. 자신이 정말 원하는 분야를 스스로 찾아 공부하면 울트라러닝을 넘어 슈퍼 울트라러닝을 하게 되지 않을까?

다음 리스트는 온라인 무료 강의를 들을 수 있는 웹사이트다. 잘 활용하면 무료로 수준 높은 강의를 방 안에서 들을 수 있다.

1. **K-MOOC** www.kmooc.kr
   누구나 들을 수 있는 온라인 공개 강좌 서비스

2. **KOCW** www.kocw.net
   무료 온라인 공개 강좌 서비스

3. **서울시 평생학습포털** sll.seoul.go.kr
   서울시에서 제공하는 온라인 공개 강좌 서비스

4. **GSEEK** www.gseek.kr
   경기도에서 제공하는 온라인 공개 강좌 서비스

5. **STEP 온라인평생교육원** www.step.or.kr
   기술관련 e-Learning 무료 학습

6. **소상공인 지식배움터** edu.sbiz.or.kr
   소상공인 무료 온라인, 오프라인 평생학습 서비스 플랫폼

7. **칸아카데미** ko.khanacademy.org
   수학, 예술, 컴퓨터, 경제, 물리학, 의학 등 무료 학습 서비스

8. **에듀코카** edu.kocca.kr
   방송영상, 게임, 만화, 음악/공연, 인문 교양 등 무료 학습 서비스

'갭이어'의 시간이 필요하다

　우리나라 청소년들은 수학, 영어 공부에 집중하는 시간에 비해 자신의 진로에 대해 고민하는 시간이 상대적으로 너무나 짧다. 개인의 평생 행복을 결정하는 아주 중요한 일임에도 진로를 탐색하기 위한 충분한 시간이 보장되지 않는다.

　나는 오래전부터 청소년에게 자신의 진로를 집중적으로 찾는 1년 정도의 기간을 학교 교육에 도입하면 좋겠다고 생각했다. 한마디로 자신의 진로 발견에 집중하는 1년짜리 '갭이어 Gap year 스쿨'이다. 최근 중학교에 자유학년제가 시행되긴 하지만 진로를 찾는 집중 기간이라고 보기에는 여러 가지가 부족하다.

　갭이어는 영국의 언스쿨링 Unschooling 프로그램으로 학교 다니는 걸 멈추고 1년 동안(혹은 그 이상) 여행이나 진로 탐색을 하면서 학교에서 배울 수 없는 다양한 경험을 해보는 활동이다. 동일 개념으로 덴마크의 에프터스콜레 Efterschole, 아일랜드의 전환학년제 Transition Year가 있다. 사실 유럽에서는

17세기 중반부터 영국을 중심으로 유럽의 상류층 귀족 자제들이 사회에 나가기 전에 프랑스나 이탈리아를 돌아보며 앞선 해외 여러 나라의 문화를 배우고 경험하는 여행인 그랜드 투어 Grand tour를 진행하고 있었다. 이것이 갭이어의 시작이다.

우리나라에서는 조선 시대에 국가의 유능한 인재를 양성하고 문운 文運을 진작시키기 위해서 왕이 젊은 문신들에게 일정 기간 휴가를 주어 자택에서 독서에 전념할 수 있도록 한 제도인 '사가독서 賜暇讀書'가 있었다. 그 목적이 과중한 업무로부터 잠시 벗어나 휴식과 함께 자신을 돌아보는 귀한 시간으로 사용하라는 것을 보면 갭이어의 취지와 비슷하다.

유럽의 청소년들은 고등학교를 졸업한 후 해외여행을 하는 경우가 많다. 예전에 홍콩 출장을 갔을 때 유럽 학생들이 세계 여행을 하면서 갭이어를 보내는 것을 많이 목격했다. 여행자에게 다가가 직접 물어보니 고교 졸업생이 대부분이었다. 갭이어를 활용하여 여학생 혼자 세계여행을 하는 북유럽 고교 졸업생도 해외에서 본 적이 있다.

우리나라는 고등학교를 졸업하고 바로 대학에 진학을 못 하면 인생에 큰 실패를 한 것처럼 여기는 분위기가 있다. 하지만 인생을 길게 보았을 때 1년은 아무것도 아니다. 오히려 집중적으로 진로에 대해 고민하고 경험하는 시간이 있어야 남은 인생을 허비하지 않고 구체적으로 자신의 길을 찾을 수 있다.

시기적으로는 초등 고학년이나 중학생 시기에 1년 정도를 활용해 갭이어 시간을 갖는 것이 가장 좋다. 이 시기는 특별히 뇌가 폭발적으로 성장하는 때로, 독서토론과 자신에 대해 성찰하는 시간 등을 통해 다양한 자극을 주면 뇌가 창의력과 생각하는 능력이 길러지고 분별력이 생겨 자신의 진로를 찾아가는 데 큰 도움이 된다.

성장기에는 무엇보다 많은 경험이 중요하다. 국내외 여행을 통한 글로벌화 프로젝트 수업, 3D 프린터를 활용한 메이킹 수업, 박물관과 미술관 현장 수업, 음악 연주회 관람과 발표 등 자신의 잠재 능력과 가능성을 최대한으로 경험하는 시간을 통해 학생들은 자기 자신의 가치와 능력을 발견하고 학교를 진심으로 사랑하게 될 것이다.

만일 갭이어가 공교육에 도입된다면 중간에 갭이어를 보내고 복학을 한 학생이 같은 반에서 함께 공부하는 일이 자연스러울 것이고, 그러면 자신의 인생 비전을 발견해서 돌아온 아이는 훨씬 더 적극적으로 자신의 길을 개척해 나갈 것이며, 같은 반 아이들에게도 좋은 영향력을 줄 수 있을 것이다.

갭이어는 취업을 고민하는 대학생들과 자신의 적성에 맞는 인생 진로를 고민하는 젊은이들에게도 적용할 수 있다. 취업을 앞두고 영어나 자격증 등 스펙이 부족하다고 느껴져 1년 정도 휴학하는 경우가 많다. 하지만 취업만을 목적으로 스펙을 쌓느라 자신에 대해 고민하는 시간을 갖지 못한다면 아까운 1년이 된다. 그렇게 해서 특정 회사의 입사 기준에 맞춰 그 회사에 들어간다고 해도, 막상 입사해 보니 적성과 맞지 않아서 큰 스트레스를 받는다면 너무 안타까운 일이 아니겠는가?

젊은이들이 진로를 고민하며 1년간 이것저것 다양한 경험을 해본다고 하면 나는 그렇게 해보라고 적극 추천한다. 긴 인생에서 1년은 자기 발견을 위해 충분히 투자할 수 있는 시간이다.

뇌를 깨우는 독서를 하자

미래 교육의 핵심은 뇌를 얼마나 효율적으로 활용하는지다. 현대사회는 SNS 등 미디어 과다 사용으로 전두엽이 잠들고 있다. 논리적 사고를 전담하는 전두엽이 활성화되지 않으면 AI가 시키는 대로 살아가게 된다. 생각하는 뇌를 깨우는 것이 우리가 미래를 컨트롤할 수 있는 지름길이다. 그러려면 책을 많이 읽어서 잠자는 뇌를 깨워야 한다. 그래서 미래교육은 뇌를 깨우는 독서 교육이어야 한다.

책을 살 때 보통 사람들은 추천받거나 미디어로 알게 된 책을 산다. 이것저것 고민할 필요 없이 그냥 서점에서 구입하고 바로 읽으면 그만이다. 뇌는 눈이 읽는 대로 생각한다. 더욱이 책의 홍보 내용을 보고 대략적인 내용까지도 알 때가 많다. 특별히 뇌가 창의적으로 활동할 부분이 없다.

나는 뇌를 깨우고 싶을 때 하는 나만의 독서 방법이 있다. 이 독서법을 '뇌를 깨우는 독서'라고 이름 붙였는데, 그냥 앞 글자만 따서 편하게 '뇌깨독'이라고 부른다. 뇌를 깨우면 생각하는 힘을 얻게 되어 자기 인생을 진지하게 성찰하게 되어 자신의 진짜 꿈을 찾는 데 큰 도움이 된다. 도서관에서 제목이 마음에 드는 새로운 책을 발견했다면, 그 책으로 '뇌깨독 9단계'를 도전해 보자. 사전 정보가 없는 책으로 해야 뇌를 깨우는 효과가 크다. 내용을 아는 책일 경우에는 3단계, 7단계, 9단계만 집중해서 작성해도 좋다. 다음은 '뇌깨독 9단계'로 순서대로 진행하면 된다.

1단계 : 제목만으로 내용 상상하기

책의 다른 정보를 읽지 않도록 한다. 책의 첫 장을 넘기면 왼편에 나오는 작가에 대한 소개 글이나 목차, 서론, 결론 등을 미리 읽지 않는다. 예를 들어, 책 제목이 《나의 꿈》이라면 책 내용에 대해 이런 생각을 할 수 있다. '꿈이란 무엇일까?', '내 꿈은 무엇일까?', '잠잘 때 꾸었던 꿈 이야기일까?', '내가 최근에 꾼 꿈은 무엇이었더라?' 등 여러 가지 생각을 할 수 있다. 제목만으로 책 내용을 상상하는 것은 범위가 크기 때문에 뇌는 큰 그림을 그리는 훈련을 시작한다.

2단계 : 저자의 관점에서 '왜?'라는 질문하기

1단계보다 좀 더 범위가 좁아진다. 저자의 관점을 기준으로 집중하는 단계다. '저자는 왜 이 제목으로 책을 써야만 했을까?', '저자는 꿈을 이루려고 애를 썼는데 못 이뤘나?', '저자가 간직해 온 꿈에 대한 이야기를 썼을까? 아니면 자신이 찾은 꿈에 대한 성공 이야기를 알려 주려는 것일까?', '나에게 꿈을 찾아보라고 하는 것일까?', '저자는 남자일까? 여자일까?', '저자가 말하고자 하는 꿈의 범위는 어디까지일까?' 등의 생각을 할 수 있다. 1단계보다 조금 더 범위가 좁혀졌다.

3단계 : 이 책의 저자가 되어 보기

현재 책의 제목 외에는 목차나 내용을 모르는 상황이기 때문에 제목을 가지고 자신이 직접 저자가 되어 보는 훈련이다. 뇌가 가장 활발하게 움직이는 때가 이때다. 창의력이 가장 왕성하게 증가하는 단계로, 제목 외에는 아무것도 없는 상황에서 시작해야 한다. 이 제목으로 책을 쓴다면 먼저 어떤 목적을 가지고 쓸 것인지를 생각해 볼 수 있다.

앞의 1단계와 2단계에서 생각했던 내용이 겹치면서 내 뇌는 독자의 대상과 이들에게 전달하려는 이유를 찾기 위해 활발하게 움직인다. 그러고 나서 목차는 어떻게 잡을지, 몇 개로 할지, 각 목차에 들어갈 주된 내용은 무엇으로 할지에 대해 생각한다.

책의 형식에서도 일반 책으로 쓸지 아니면 이론적 근거를 최대한 제시해서 논문 형식으로 바꿀지 등에 대해서도 생각할 수 있다. 형식을 정하면 그에 맞게 내용과 방향이 달라진다. 참고로 3단계를 마치고 나서 본인 의지에 따라 추가로 책을 잘 판매하기 위한 마케팅을 어떻게 할지에 대한 내용이나 저자 사인회를 상상하는 것도 좋다.

4단계 : 목차 훑어보기

목차는 책 전체의 내용을 한눈에 알 수 있도록 정리된 내용이다. 책에 대한 전체적인 큰 그림을 그려볼 수 있는 밑그림을 제공한다. 목차의 장별 제목만 읽어도 책의 흐름과 저자의 의도가 보인다. 그래서 나는 뇌깨독을 하지 않고 책을 고를 때는 주로 제목과 목차를 유심히 살펴본다. 뇌깨독 훈련으로 4단계를 보는 사람이라면 목차를 훑어보면서 책의 전반적인 흐름을 파악하고 대략적인 내용을 상상해 보면 된다.

5단계 : 훑듯이 읽기

뜻을 모르는 단어가 있더라도 빠른 속도로 책을 훑듯이 읽는 방법은 책의 내용을 통으로 보는 훈련이다. 이런 식의 독서는 책의 핵심 내용을 빠르게 파악하기에 좋다. 마치 책 전체가 하나로 꿰어지는 느낌을 받을 수 있다. 혹시 어떤 장이 전체적인 흐름 속에서 이상한 면이 있다면, 그 책은 저자의 의도가 정확히 하나로 꿰어지지 못한 책일 가능성이 크다. 책을 한 번 다 훑었다면 이제 서론을 읽는다.

책의 서론에는 저자가 책을 쓰려고 한 의도가 들어 있다. 저자의 입장에서 왜 이 책의 제목을 이렇게 정했는지 파악할 수 있다. 내 뇌는 처음에 내가 상상했던 내용과 책을 훑어보며 얻었던 책의 줄거리 그리고 서론을 통해 알게 된 저자의 의도를 꿰맞추느라 바빠진다. 그렇게 뇌의 전두엽이 활성화된다.

6단계 : 정독으로 다시 읽기

내 뇌는 단어 하나하나의 뜻과 문맥상 의미 등 행간을 읽으며 전두엽의 수리논리적 움직임과 함께 후두엽의 감정적 움직임까지 종합적으로 활동하게 된다. 책 내용 전체가 머릿속에 차곡차곡 정리되고 나만의 생각이 들기 시작한다. 평소 사용하지 않아 익숙하지 않지만 저자가 사용한 새로운 단어나 표현의 뉘앙스가 갖는 미세한 부분까지 얻게 되어 어휘력이 증가되고 감정의 범위가 넓어진다.

읽으면서 필요한 부분이나 감동이 있는 부분은 펜으로 줄을 쳐가면서 읽어도 좋다. 나중을 생각해 메모를 붙여 놓는 것도 좋은 방법이다. 정독으로 한 번 완독한 후에 메모를 붙여 놓은 부분만 다시 읽어 보면 책의 핵심과

감동받은 내용이 뇌에 확실하게 정리가 되며, 다른 사람들에게 설명할 수 있을 정도가 된다.

7단계 : 책을 읽으며 궁금했던 질문 만들기

질문의 숫자가 많을 필요는 없다. 2~3가지 정도의 큰 질문을 하되 책이 제시는 했으나 답을 주지 않았던 내용을 질문으로 만들어 보는 것이 좋다. 그리고 나서 스스로 그 답을 찾아본다. 인터넷을 활용해도 좋고 지인에게 물어봐도 좋다. 나만의 답을 찾아보면, 그 책의 저자도 말하지 못했던 범위까지 나의 지식 범위는 확대된다.

정독 과정 중 질문이 생기면 바로 메모지에 써서 붙여 놓거나 책의 여백에 적어 놓으면 편리하다. 중간에 흐름이 끊어지지 않고 책을 다 읽고 나서 그 부분을 찾아 답을 작성해 볼 수 있다.

8단계 : 결론과 저자 소개 읽기

이미 전체적인 내용을 알기에 저자가 말하려는 결론과 내가 내린 결론을 비교해 본다. 각각의 비교를 통해서 '저자는 왜 이런 결론을 내렸을까?', '나는 왜 이런 결론을 생각했을까?'를 통해 나만의 사고 체계를 만들 수 있다. 저자 소개는 그 사람의 배경을 통해 그 책을 쓰게 된 이유를 좀 더 명확히 이해하는 데 도움을 준다.

9단계 : '나만의 한 문장'으로 만들기

'나만의 한 문장'은 내가 나에게 하는 위로의 말일 수도 있고, 누군가에게 선포하는 말일 수도 있으며, 혹은 뭔가를 이루기 위한 실천사항일 수도 있다. 책의 내용일 수도 있지만, 책과 전혀 관계없는 깨달음일 수도 있다.

책 내용을 한 단어로 정리하면, 그것이 바로 책 제목이다. 그러나 나만의 한 문장으로 정리하면 내가 느낀 문장이기 때문에 반드시 제목과 일치하지는 않는다. 저자의 의도와 다른 부분의 본질을 끄집어내서 만들어지기 때문이다.

'뇌깨독 9단계'를 마치면 그 책은 오롯이 내 책이 된다. 내 머리속에서 나만의 스토리로 재탄생한 나만의 책이다. 책을 기계적으로 읽으면서 남는 게 별로 없었던 과거의 내 독서 습관을 바꿔 '뭔가 머리에 남고 뇌도 깨우는 좋은 독서 방법이 없을까'를 고민하다가 이렇게 저렇게 시도하며 정리한 방법이다. 그래서 모든 사람에게 꼭 맞는 방법이라고 말할 수는 없다. 그러나 만일 작가를 꿈꾸는 사람이거나 정말 창의적으로 책을 읽으며 뇌를 깨우고 싶은 사람이라면 '뇌깨독 9단계'가 기존의 작품을 재해석하면서 창의적인 작품을 만들어 내는 훈련이 될 것이다.

☑️ 뇌깨독 9단계

1단계: 제목만으로 내용을 상상한다.

2단계: 저자는 '왜 이 제목으로 책을 썼을까?'를 상상한다.

3단계: '이 제목으로 책을 쓴다면 나는 어떻게 쓸 것인가?'를 상상하고 적어 본다.

4단계: 책의 목차를 훑어본다.

5단계: 책을 훑듯이 한 번 읽고 서론을 읽는다.

6단계: 다시 정독으로 책을 한 번 더 읽는다.

7단계: 핵심 질문 2~3가지를 만들고 나만의 답을 달아본다.

8단계: 결론을 읽고 저자 소개를 읽는다.

9단계: 책 내용을 통해 느낀 점을 '핵심 한 문장'으로 정리한다.

10년 후 나의 명함을 만들자

'10년 후에 나는 무엇을 하고 있을까?'

미래의 나를 미리 생각해 보는 이 질문은 내 꿈을 발견하고 진로를 정하여 준비하는 데 큰 도움이 된다. 지금 중학교 1학년이 10년 뒤에는 취업을 앞둔 대학 졸업생이거나, 남학생이라면 군대를 다녀와 대학 졸업 이후의 진로를 고민하는 시기일 것이다. 고등학교를 졸업하고 사회인이 되었을 수도 있고, 혹은 대학원에 진학했을 수도 있다. 만일 지금 고등학교 1학년 학생이라면 10년 뒤에는 이미 사회에서 한참 실무를 하고 있을 거다.

동물을 좋아한다면 10년 뒤 수의사가 되는 생각을 할 것이고, 나만의 사업을 하고 싶은 사람이라면 어떤 일을 할 것인가를 고민할 것이다. 그래서 10년 뒤, 혹은 5년 뒤 나의 모습을 미리 생각해 보는 것은 아주 중요하다. 아예 10년 뒤 나의 모습을 담은 명함을 미리 만들어 보면, 내가 마치 그 사람이 된 것 같은 느낌이 들면서 훨씬 더 현실적으로 다가온다.

명함은 굳이 일반적인 형식을 따르기보다는 자신이 좋아하는 형식으로 만들면 된다. 다만 자신이 10년 뒤에 무엇을 하고 있을지에 대한 내용은 반드시 들어가야 한다. 글씨나 그림이 될 수도 있고 이모티콘을 넣어도 된다. 예를 들어, 10년 뒤 나의 모습이 수의사라면 명함의 왼쪽에 귀여운 강아지를 안고 있는 의사 가운을 입은 의사 그림을 그리고, 오른쪽에 '수의사 김아무개'라고 쓴 뒤 자신의 전화번호와 SNS 주소, 이메일 주소 등을 넣는다. 명함의 뒷면에는 자신이 좋아하는 문구나 자신을 홍보하는 문구를 넣어도 좋다.

명함 도안이 다 만들어지면 여러 장을 만들어서 가족과 친구들에게 나눠주면서 "10년 뒤 김아무개 수의사입니다"라고 소개해 보자. 가족이나 친구들도 미래의 내 꿈을 알게 되므로 나를 지속적으로 응원할 수 있고, 또 관련 정보가 생길 때마다 공유해 주는 등 여러 도움이 될 수 있다. 또한, 명함까지 돌리며 대외적으로 자신의 미래를 알려 놓았으므로 중간에 쉽게 포기하지 못하는 행복한 부담감도 작용할 것이다.

만일 중간에 꿈이 바뀐다고 해도 상관없다. 그때를 기준으로 10년 뒤 명함을 다시 만들면 된다. 꿈은 처한 상황과 새로운 관심 그리고 적성의 변화에 따라서 언제든 바뀔 수 있다. 처음 잡았던 꿈을 무조건 달성해야 한다는 강박관념을 가질 필요는 없다.

너도나도 되고 싶어 하는 최근의 트렌드를 반영한 직업보다는 자신이 진짜로 좋아하고 하고 싶은 직업을 기준으로 명함을 만들자. 정확한 하나의 직업이 떠오르지 않는다면 관심이 많이 가는 두세 가지 직업의 명함을 다 만들어도 괜찮다. 어차피 인공지능 시대는 한 가지 직업으로 살지 않는 시대다. 서너 가지의 10년 후 직업 명함 중에서 더 마음이 가는 것을 고르고, 그 명함이 현실이 될 수 있게 오늘부터 행동하기만 하면 된다.

"교육은 당신의 머릿속에 씨앗을
심어 주는 것이 아니라,
당신의 씨앗이 자라나게 하는 것이다."

— 칼릴 지브란 Kahlil Gibran —

Chapter 4

꿈을
이루기 위해
가야 할 길

꿈을 좇는 사람들을 만나자

세상에는 자신의 꿈대로 사는 사람들이 있다. 남들이 다 가는 길이 아니라 자신이 가고 싶은 길을 가는 사람들이다. 명문대학을 다니다 중도에 그만둔 채 세계적인 회사를 세운 사람, 초등학교 졸업 이후 아예 학교를 가지 않고 바둑에 빠져 바둑계의 세계 최고가 된 사람, 글쓰기가 하고 싶어 대기업을 그만두고 전업 작가로 성공한 사람 등 남들의 시선을 신경 쓰지 않고 자신의 꿈과 적성에 따라 인생을 살아가는 사람들이 우리 주변에 있다. 그들 중 내 삶에 영향을 주었던 세 명의 삶을 소개한다.

20여 년 전 내가 대학원을 졸업하고 삼성전자에 입사하여 휴대전화 업계에 막 한 발을 디뎠던 당시에 휴대전화 업계 최강자는 노키아NOKIA로, 전 세계 휴대전화 시장점유율이 50%였다. 세상 사람의 둘 중 한 명은 노키아 폰을 사용한다고 봐야 했다. 그야말로 무너지지 않는 철옹성 그 자체였다. 그런데 2G에서 3G로 바뀌고 3G에서 4G LTE로 바뀌면서 노키아, 모토로라 같은 휴대전화의 절대 강자들이 하나둘씩 사라졌다. 일어나지 않을 것 같은 일이었다. 그리고 삼성이 1등 자리를 차지했다. 그런데 1등의 기쁨에 취할 새도 없이 혜성같이 나타난 스마트폰이 있었는데, 바로 애플의 아이폰이었다.

남들이 다 튼튼한 하드웨어와 기술력을 자랑하는 광고를 할 때, 애플은 감성을 터치하는 광고를 했다. 디자인이 심플하면서도 수려하고 소비자가 터치하는 앱의 소프트웨어 움직임은 마치 동화 속에서 움직이듯 부드럽고 환상적인 느낌을 구연했다. 제품은 딱 한 개인데 몇 년 동안 그 가격대에서 부동의 1위를 유지했다.

중국 상하이에서 휴대전화 주재원으로 있을 때 가장 강력한 경쟁자는 바로 애플이었다. 종종 해당 가격대의 우리 제품 판매가 애플보다 저조했을 때마다 그 사유를 보고하느라 굉장히 피곤했던 기억이 있다. 창업자의 마인드가 녹아 있는 이 아이폰은 스티브 잡스 내면의 '꿈의 열매'라고 생각한다.

나는 스티브 잡스가 2005년 6월 12일 스탠퍼드대학교 졸업식에서 했던 연설 영상을 여러 번 보았다. 연설 내용 중에는 유명한 내용이 많지만, 그 중 정작 나의 마음을 사로잡은 부분은 바로 아래 내용이다.

"Your time is limited, so don't waste it living someone else's life. Don't be trapped by dogma which is living with the result of other people's thinking. Don't let the noise of others' opinions drown out your own inner voice. And most important, have the courage to follow your heart and intuition. They somehow already know what you truly want to become. Everything else is secondary."

"여러분의 시간은 한정되어 있습니다. 그러니 다른 사람의 삶을 사느라고 시간을 낭비하지 마십시오. 다른 사람들이 생각한 결과에 맞춰 사는 함정에 빠지지 마십시오. 다른 사람의 견해가 여러분 내면의 소리를 방해하는 소음이 되게 하지 마십시오. 그리고 가장 중요한 것은, 당신의 마음과 직관을 따르는 용기를 가지라는 것입니다. 마음과 직관은 당신이 진짜 원하는 것이 무엇인지를 알고 있습니다. 나머지 다른 것들은 부차적인 것입니다."

이 부분만 따로 읽으면 그는 마치 교육자 같다. 우리나라의 교육 현실을 생각하면 췌장암으로 생사의 순간을 넘나들었던 스티브 잡스가, 다른 사람의 삶을 대신 사느라 시간 낭비하지 말라고 절규하듯 소리치는 처절한 말이 가슴 깊이 와 닿는다. 나의 내면의 목소리를 들을 새도 없이 부모님의 목소리와 다른 사람의 시선을 신경 쓰며 진로를 결정하는 현실은 예나 지금이나 변하지 않았다. 부차적인 것이 진짜 중요한 것을 덮어 버렸고, 그래서 우리는 진정한 행복을 놓치고 있다.

스티브 잡스는 아주 단순한 디자인을 신봉했는데 사실 이는 '단순함이 궁극적인 정교함'이라고 한 레오나르도 다빈치의 디자인 명제와 상통한다. 그에게 디자인이란 제품의 본질을 겉으로 드러내 주는 형상이자 자기 내면의 꿈의 발현과 같다. 한마디로 본질에 충실하다는 뜻이다. 교육도 마찬가지로 본질에 충실하지 않으면 배가 산으로 간다. 학교도 학생도 선생님도 모두 힘들어진다.

췌장암으로 생사의 갈림길에 섰을 때 시간을 함부로 쓰고 싶지 않았던 그에게 어쩌면 혁신적인 제품은 필연이었을지도 모른다. 오늘이 누군가 그렇게 살고 싶었던 내일이었음을 몸으로 느꼈기 때문일까? 그는 인생의 남은 시간을 남이 원하는 삶을 사는 대신 자신의 삶을 살려고 했을 것이다. 자기 내면의 소리에 따라서 사용자가 진짜로 원하는 꿈의 제품을 만들려고 했을 것이다. 그 사용자가 바로 자신이 아니었을까? 56세에 유명을 달리한 스티브 잡스는 자신의 삶을 자신의 꿈대로 살았던 사람이다. 그 꿈의 결정체를 지금 우리가 사용하고 있다.

낮 온도가 거의 40도에 육박하여 64년 만에 가장 더웠다는 2022년 여름, 대안학교 학생들을 데리고 캐나다 밴쿠버로 비전캠프를 다녀왔다. 밴쿠버 시립미술관에서 AI 특별전이 열렸는데 한편에 이세돌 기사가 구글의 딥마인드 DeepMind 인공지능 바둑 프로그램인 알파고 AlphaGo를 이겼던 사진이 전시되어 있었다. 인솔자인 나도, 함께 갔던 학생들도 알파고를 이기는 이세돌의 사진을 보며 반갑기도 했고, 한편 인공지능 역사에서 이세돌이 알파고를 이긴 사실이 큰 의미를 갖는다는 것에 놀라기도 했다.

2016년 3월 대한민국 서울 종로구의 포시즌스 호텔에서 인간 프로 바둑 기사와 인공지능 바둑 프로그램 알파고의 세기의 바둑 대결이 열렸다. 이날 알파고는 인간을 4승 1패로 이겼고, 이후 최종 74전 73승 1패를 기록하고 은퇴했다.

당시 세계 바둑 랭킹 1위였던 중국의 커제柯潔 9단마저 3연승으로 꺾은 알파고에게 유일한 1패를 안긴 인간 바둑 기사가 바로 대한민국의 이세돌 9단이다. 뉴스와 미디어는 온통 알파고 AI 바둑 프로그램을 조명했지만, 나는 여기서 유일한 인간 1승 이세돌의 꿈과 비전을 조명해 보고 싶다.

이세돌은 다섯 살에 아버지에게서 바둑을 처음 배웠다. 초등학생 때 프로 바둑 기사 입단을 통과했고, 그때부터 28세까지 세계 바둑대회에서 13회나 우승을 차지했다. 그는 1989년 조훈현 9단이 응씨배 세계 바둑 선수권대회에서 우승하는 장면을 TV로 보면서 프로 바둑 기사가 되겠다는 꿈을 처음으로 꾸었다.

나이는 어렸지만 자신만의 꿈이 생기면서 학교 수업은 스스로 정리했다. 아침부터 저녁까지 바둑에 몰입한 이세돌은 열두 살에 프로 기사에 입단하여 조훈현 9단, 이창호 9단에 이어 역대 세 번째 최연소 프로 바둑 기사가 되었다.

바둑에 전념하기 위해 중학교 3학년 때 학교를 자퇴한 이세돌은 18세에 32연승이라는 연간 최다승 기록을 세우고 2006년 최우수 기사에 선정되었다. 이세돌의 아버지가 그렇게 원했던 꿈은 자신의 아들이 조훈현 9단이나 이창호 9단 같은 최고의 바둑 고수가 되는 것이었는데, 이세돌이 그걸 이룬 것이다.

이세돌의 바둑 스타일은 창의적이고 틀이 없는 자유로움에 있다. 그는 자신의 바둑에 대해 이렇게 말했다.

"제가 가장 중요하게 생각하는 감각은 틀을 갖지 않는 것입니다. 처음부터 틀을 배운 바도 없고요."

알파고와의 대국 후에 몇몇 미디어는 틀을 갖지 않는 그의 자유로운 바둑 스타일이 알파고를 이긴 이유일지 모른다고 분석했다. 짜인 틀 안에서 데이터에 의존하는 인공지능 알고리즘 방식이 생각지도 않은 방향으로 튀어 버린 제4국의 이세돌의 78번째 수에 대처하지 못했다는 것이다.

사실 '바둑' 하면 제일 먼저 떠오르는 사람은 대한민국 바둑의 전설이자 유일하게 국수 國手로 불리는 조훈현 9단이다. 내가 바둑은 못 두지만, 그의 생각이 궁금해 그가 쓴 책을 읽어 보았다.

그는 1989년 바둑 올림픽으로 불리는 응씨배 세계 바둑 선수권대회에서 한중일 세계 최정상의 기사들을 모두 꺾고 첫 우승을 차지하며 '바둑황제' 칭호를 받았다. 이 대회의 결승 대국을 기반으로 만들어진 만화와 TV 드라마가 바로 〈미생未生〉이다. 조훈현은 세계 최다승과 세계 최다 우승 기록을 보유하고 있다. 그는 자신이 쓴 책 《조훈현, 고수의 생각법》에서 이렇게 말했다.

"나는 바둑 하나밖에 모른다. 내가 아는 건 오로지 바둑이다. 예전에는 이기기 위해서 바둑을 두었는데, 이제는 이기고 지는 것과 상관없이 그저 바둑을 둘 수 있다는 게 좋아서 둔다. 타고난 승부사로 불리던 나였지만, 멀찍이 떨어져서 보니 인생에서 승패란 그리 중요하지 않다는 생각이 든다. 정말 중요한 것은 결과가 어떠하든 최선을 다해 내 갈 길을 가는 것이다."

조훈현의 이 말이 가슴에 깊이 새겨졌다. 무조건 1등을 하기 위해 공부를 하다 보면 옆자리의 친구를 친구로 생각하지 못하게 된다. 친구가 이겨야 할 대상이 되는 거다. 하지만 자기가 좋아서 공부를 하면 친구는 그냥 친구다. 내가 배운 것을 나눠 줄 수도 있다. 그렇게 즐겁게 공부하면 희한하게 1등이 부차적으로 따라온다. 1등을 했다고 자랑하지도 않지만, 설령 1등이 아니어도 불행하지 않다.

이세돌은 "질문하지 않고 궁금해하지 않으면 가르쳐주는 사람의 틀에 갇히게 된다"고 말했다. 그런데 이 생각은 어쩌면 조훈현으로부터 배워 자신의 것으로 확장시킨 것인지도 모른다. 조훈현은 끊임없이 질문하고 그 답을 찾는 훈련을 통해 바둑을 두었다. 그래야 창의적인 새로운 수를 찾아낼 수 있기 때문이다. 그는 '왜 이런 거지? 다른 방법은 없을까? 이게 정말 최선일까?' 이런 질문들을 자신에게 던졌다.

'왜?'라는 질문이 떠오르는 순간이야말로 지금보다 나아질 기회가 찾아온 때라고 생각했다. 그는 절대로 이 기회를 그냥 흘려보내지 않았다. 정형화된 공식 바둑을 두지 않고 자신만의 방식으로 고민해서 공격적으로 바둑을 두었기 때문에 상대방이 그를 쉽게 이기지 못했던 것이다. 그래서 조훈현 9단의 별명은 '화염방사기'였다.

생각을 중요시하는 조훈현은 이렇게 말했다.

"공식을 외워서 문제를 푸는 건 매우 쉽다. 하지만 그런 방식은 조금이라도 공식에서 벗어난 문제가 나오면 힘을 쓰지 못한다. 반대로 혼자서 실컷 헤매 본 사람은 공식 따위는 몰라도 된다. 생각을 하면서 자신만의 해법을 찾아내면 되기 때문이다. 생각의 자유를 주면 아이들은 스스로 생각한다. 스스로 생각하는 아이들은 개성이 강해지고 자아가 단단해진다. 인생을 자신만의 방식으로 이끌어갈 자신감과 확실한 인성이 형성될 수 있다."

우리나라 교육이 나아갈 방향이 바로 조훈현 9단이 말한 방향이 아닐까? 공식을 외워서 수학을 푸는 우리나라 아이들에게 가장 어려운 것이 그 수학 문제가 왜 그런지 설명하라는 것이다. '왜?'가 없는 교육은 처음 맞닥뜨리는 새로운 문제에 대해 해결할 힘을 발휘하지 못한다.

코로나19가 한창이던 2020년 7월 초판이 나온 이래 1년 만에 100만 부를 판매해서 초대형 베스트셀러에 오른 판타지 소설이 있다. 《달러구트 꿈 백화점》이다. 저자 이미예 씨는 대학에서 재료공학을 공부하고 삼성반도체 엔지니어로 일하던 사람이다. 평소에 꿈꾸던 글쓰기를 크라우드 펀딩으로 실현하여 첫 소설을 집필했는데 그게 대박이 났다.

크라우드 펀딩 때 프로젝트 제목이 《당신의 꿈은 매진되었습니다》였던 이 책은 초판 출간 3개월 만에 판매 10만 부를 돌파해 본인의 전세 자금 대출을 다 갚았다고 한 인터뷰에서 밝혔다. 푹 잠자는 것을 좋아하던 이미예 씨는 소설의 소재를 '꿈'으로 했다. 평소 반도체 업무로 얼마나 잠을 못 잤을 지 상상이 되어 안쓰러웠다.

상상력과 창의력이 뛰어나다고 생각되는 점은, 꿈을 사고판다는 개념으로 책을 썼다는 점이다. 퇴근하고 짬짬이 글을 쓴 이미예 씨는 자신의 소설이 이렇게까지 폭발적인 판매로 이어질지는 몰랐을 것이다. 그녀는 출근을 하면서 늘 '출근하지 않고 글을 썼다면 더 많이 썼을 텐데'라고 생각했다고 한다. 몸은 회사에 가 있지만 마음은 글쓰기에 있었던 것이다.

책을 읽어 보면 등장인물의 특징과 연결된 내용들이 저자의 첫 작품이라기에는 상당히 짜임새 있는 전개와 이미지로 이어져 영화로 찍어도 괜찮겠다는 생각이 든다. 이는 어릴 때부터 책과 영화를 좋아한 이미예 씨가 찾아서 읽고 본 것들에 대한 열매라고 생각한다.

남들이 부러워하는 대기업에서 열심히 일만 해도 좋을 것이라고 사람들은 생각하겠지만, 이미예 씨가 글을 쓰는 것은 자신이 좋아하는 일이기 때문이고 그것을 하면서 재능을 발견했기 때문이다. 그리고 무엇보다 스스로 가장 행복할 것이다. 《달러구트 꿈 백화점》은 1편에 이어 2편으로 이어졌고 3일 만에 베스트셀러에 올랐다. 이미예 씨는 현재 반도체 엔지니어를 그만두고 전업 작가로 살아간다.

창의력은 상상력을 증폭시킬 때 그 열매로 나오는데 그 상상력은 자신의 체험을 바탕으로 확장된다. 책에는 저자 자신의 이야기가 살짝 녹아 있다. 저자 소개를 보면 자신이 좋아하는 것에는 '8시간 푹 자고 일하기', 싫어하는 것에는 '잠도 못 자고 밤새워 일하기'라고 적혀 있다. 현실에 안주하지 않고 꾸준히 그 길을 가다 보니 이제 그녀는 자신의 꿈대로 살아가고 있다.

이미예 씨는 행복을 꿈꾸어 작가가 되었고, 나는 가치를 꿈꾸어 교육가가 되었다. 꿈대로 살게 됐기 때문인지 회사원 시절과 비교하면 수입은 줄었지만 정신적인 스트레스는 거의 없다. 그래서 훨씬 더 유연한 생각을 하게 된다. 머릿속으로 이런저런 교육적인 도전을 계획하게 된다. 자신에게 질문을 해보자.

"나는 지금 내 꿈대로 살고 있는가?"

더 근본적인 질문을 해보자.

"내 꿈은 무엇인가?"

"무엇이 내 가슴을 뛰게 하는 것인가?"

"가슴을 뛰게 하는 그것을 좋아하는 나는 누구인가?"

만일 바로 답이 나오지 않는다면, 만일 내 꿈을 아직 생각해 보지 않았다면, 만일 내 꿈이 무엇인지 아직 잘 모르겠다면, 오늘 이 질문에 대해 곰곰이 생각해 보기를 바란다. 그렇지 않으면 꿈대로 사는 다른 사람들을 부러워하기만 하다가 인생이 의미 없이 흘러갈 것이다.

나에 대해서 알자

1분 동안 자기소개를 하라고 하면 무엇을 말하겠는가?

대개는 이름을 먼저 말하고, 나이와 사는 곳, 졸업한 학교를 말한 뒤 직업과 가족에 대해서 말한다. 하지만 이런 정보만으로 자신이 누군지 알릴 수 있을까? 사는 곳이나 졸업한 학교가 나를 정확하게 설명해 준다고 말할 수 있을까?

오히려 자신이 무엇을 좋아하는지, 성격은 어떻고, 꿈은 무엇이며, 그래서 그 꿈을 이루기 위해 어떻게 살아왔는지, 또 앞으로 어떻게 살아가고 싶은지를 말하는 게 나를 더 잘 소개하는 방법이다. 우리가 갑자기 자기소개를 요청받았을 때 머뭇거리는 이유는 평소 자신에 대해 깊이 생각해 본 적이 없기 때문이다. 청소년은 지금 당장 해야 할 공부를 따라가기도 바쁘니 자기가 어떤 사람인지, 무엇을 좋아하는지에 대한 고민과 생각은 늘 뒷전으로 밀려난다.

공교육 커리큘럼을 보면 과목별로 교사가 기능적인 부분을 가르치긴 하지만, 그 과목이 학생의 적성에 맞는지, 학생의 삶에 어떻게 도움이 될지 대한 부분은 다루지 않는다. 수학, 과학, 역사 등 많은 과목을 배우지만 그것을 왜 배워야 하는지, 그 과목이 도대체 어떤 의미가 있는지에 대해서는 알기 어렵다. 왜 배우는지도 모르고 무작정 학습하다 보니 배운 내용이 삶 속에 적용되지도 않는다. 시험 때가 되면 그저 열심히 암기해서 답을 적고, 시험을 다 치르고 나면 머릿속에 남는 것이 없다.

고등학교 때 우리 학교 학생이 전국 수석을 했고, 우리 반에서만 18명이 SKY 대학에 진학했다. 경쟁과 명문대 진학을 최우선으로 하는 환경 속에서 학생은 수학 몇 점짜리, 영어 몇 점짜리, 어느 대학에 진학한 학생으로 기억된다.

'인간이란 무엇인가?'라는 질문과 연계되는 '나는 누구인가?'라는 근원적인 질문은 인문학의 핵심 주제이자 종교와 과학 그리고 철학이 만나는 질문이다. 이 질문에 대답할 수 있어야 자신이 어떤 삶을 살아야 할지에 대한 답을 찾을 수 있다. 또한 이런 질문을 통해 찾는 자아정체성은 청소년기에 꼭 해야 할 삶의 과제 중 하나이다. 인간을 모르고 자기가 누군지도 모르면 삶을 어떻게 살아야 할지 알기가 쉽지 않다. 그렇다면 '나는 누구인가?'를 어떻게 찾아야 할까? 먼저 자신이 속한 주변 환경을 통해 알아볼 수 있다.

첫째, 가정에서

가정은 최고의 학교다. 가정에서 우리는 내가 누구인지를 배운다. 모든 자녀는 부모의 모습을 보고 자란다. 부모가 어떻게 살아가는지를 보고 배운다. 부모가 정직하게 살면 자녀도 정직을 품고 살고, 부모가 어려움에 굴하지 않고 살면 자녀도 인생에 도전하며 산다. 그래서 부모는 자녀의 거울이다.

상담사들이 쓴 사례집을 읽어 보면 '아버지처럼 안 살려고 했는데 어느 날 돌아보니 아버지가 하시던 대로 똑같이 살고 있더라' 하는 내용이 상당히 많다. 가정에서 자신도 모르게 습득이 되었기 때문이다. 의도적으로 학습했다기보다 살면서 자연스럽게 습득된 것이다. 그래서 가정은 나의 정체성을 확립하는 기초석을 제공하는 곳이다. 우리 가족 즉 부모님과 형제, 친인척을 잘 살펴보면 나에 대해서도 조금 더 이해할 수 있다.

둘째, 학교에서

학교는 수업뿐만 아니라 다양한 활동이 같이 이루어지는 곳이다. 글쓰기, 그림 그리기, 음악 연주, 역할극 등 다양한 활동으로 자신을 표현하다 보면 자신의 정체성을 발견하는 데 도움이 된다. 문학 시간에 셰익스피어 희극이나 비극 작품 속 어떤 인물과 자신이 닮았는지를 파악해 보는 것도 좋다. 또한 동아리나 봉사활동 등 처음 해보는 여러 활동에 적극적으로 참여하다 보면, 뜻하지 않은 곳에서 자신의 관심사와 능력을 발견하기도 하며, 진짜 나에 대해 알 수 있다. 그 밖에도 학교에서 만나는 여러 사람과 소통해 보자. 친구들과 선생님, 경비 아저씨나 영양사 등 학교에는 의외로 다양한 직업의 사람들이 있다. 이처럼 여러 분야의 사람들과 소통은 자신의 생각과 감정을 이해하고 정체성을 확립하는 데 큰 도움이 된다.

셋째, 공동체에서

신앙 공동체나 동아리 공동체에서도 자신의 정체성을 발견할 수 있다. 크리스천이라면 교회 공동체 속에서 창조론을 바탕으로 자신의 정체성을 배울 수 있을 것이고, 지역사회 동아리 공동체는 같은 관심사를 가진 사람들이 모인 곳이기 때문에 자신이 무엇을 좋아하는지 발견할 수 있다. 발견 후에는 그것을 계발하고 더 발전시킬 수 있다.

'나는 누구인가?'를 생각할 수 있는 좋은 방법 중 하나는 본질적인 질문을 던져보는 것이다. '나는 무엇을 좋아하는가?', '나는 무엇을 하고 살고 싶은가?', '나는 언제 가장 행복한가?', '내가 원하는 것은 무엇인가?' 이러한 본질적인 질문은 자신에 대한 깊은 성찰을 돕는다. 지금 바로 아래 질문에 답해 보자.

질문1 무엇을 좋아하는가?

질문2 무엇을 하며 살고 싶은가?

질문3 언제 가장 행복한가?

질문4 진짜 원하는 것은 무엇인가?

위의 질문에 답을 했다면 반대의 질문에도 답해 보자.

질문5 무엇을 좋아하지 않는가?

질문6 무엇을 하고 싶지 않은가?

질문7 언제 행복하지 않은가?

질문8 원하지 않는 것은 무엇인가?

'나는 누구인가?'를 생각해 볼 수 있는 또 다른 방법은 '5년 후의 나'를 그려보는 것이다. 스탠퍼드대학교에서는 3, 4학년 학생들에게 5년 후의 자신에 대해 구체적으로 생각하고 그려보는 과제를 내준다. 다양한 미래를 그리고 자신의 가치를 찾을 수 있도록 훈련시키는 이 과제를 통해서 학생들은 현재의 자신을 돌아보고, 구체적인 5년 후의 미래를 연결시킨다.

미래의 나를 생각하는 과제이지만, 동시에 현재의 나를 객관적으로 볼 수 있게 해준다. 그와 동시에 지금의 나를 더 발전시키고 싶은 마음을 갖게 해서 인생을 더욱 능동적으로 살게 한다.

내가 누구인지를 아는 것은 인생에서 가장 중요한 일이다. 이 질문에 답을 얻지 못한 채 무언가를 하려고 하면 원치 않는 길을 가느라 아까운 인생을 낭비하게 된다. 인생은 딱 한 번뿐이다. 사람은 자신이 원하는 것을 할 때 가장 행복하고 최고의 결과물을 양산한다.

앞의 여덟 가지 질문을 바탕으로 나는 누구인가를 생각해 보자. 가능하다면 이 질문을 연초나 연말에 매년 한 번씩 해보자. 청소년은 자라면서 환경이 변하고 여러 가지 직간접적인 다양한 경험을 통해 하고 싶은 것이 바뀌기도 하기 때문이다.

나만의 재능을 찾자

내 꿈은 어릴 때는 과학자, 중고등학교 시절에는 운동선수였다. 그러나 변하지 않을 것 같던 내 꿈도 그리 오래가지 않았다. 대학 시절에 교사로 바뀌었고 군대를 다녀와서 복학 후에는 당시 새롭게 떠오르고 있던 중국을 품고 세계 최고의 중국 전문가가 되기로 다시 한번 바뀌었다. 군대를 마치기 전의 내 꿈들이 남들도 다 생각하는 평범한 범위 내에서 흘러가는 꿈이었다면, 제대 후의 내 꿈은 하늘이 내게 주신 인생 비전임을 깨달은 나의 강렬한 의지가 많이 반영된 꿈이었다.

대학교 졸업 전에 생애 첫 해외 여행지로 중국 땅을 밟았고, 대학원 졸업 후에는 삼성전자에 입사하여 중국, 대만, 홍콩 및 마카오로 100번이 넘는 출장을 다녔다. 북경 지역 전문가 파견 그리고 상하이 휴대전화 주재원을 역임하며, 나의 꿈이었던 중국 전문가로 20년을 살았다. 중국이라는 꿈을 꾸면서부터 나에게는 모든 것이 중국이었다. 길거리 중국집의 '중'이라는 글자만 봐도 심장이 뛰었다. 제대 후 대학교 복학과 동시에 전공도 아닌 중국어를 배우려고 종로에 있는 중국어 학원에 다녔다. 대학교 4학년 때 서울의 한 사립중학교에서 영어 교사로 교생 실습을 나갔었다. 교생 실습에서 높은 성적을 받은 나는 졸업 후 해당 중학교에 영어 교사로 오라는 확정 제안을 받았지만 정중히 거절했다. 그리고 중국 전문가가 되기 위한 새로운 공부를 위해 전공을 바꿔 국제대학원에 진학하였다.

누가 시키지도 않았는데, 사자성어와 당나라 시를 외우고 중국어 뉴스와 영화를 찾아서 보았다. 아나운서나 영화 주인공처럼 발음하려고 듣는 즉시 따라 읽는 섀도잉 Shadowing을 하며 무척 공을 많이 들여서인지 중국어 시험을 보았을 때 중문과 전공자보다 점수가 더 좋았다.

서점과 도서관에서 중국과 관련된 책은 모조리 구해 읽었다. 잠도 줄여가며 공부했지만 하나도 피곤하지 않았다. 그때 나의 모습을 보며 만약 심장을 뛰게 하는 꿈을 일찌감치 찾아 고등학교 때 공부했더라면 나는 아마도 가지 못할 대학이 없었겠다는 생각이 들었다.

꿈을 좇아 하는 일이 이렇다. 좋아서 하는 일은 다 그렇다. 좋아하면 알아서 하고 꿈을 꾸면 찾아서 한다. 지금은 교육가의 삶이 내 삶에 가장 중요한 테마다. 다음 세대를 위해 시작한 이 일은 우리 세대를 위해서도 필요한 것임을 느낀다. 이제는 꿈이라는 단어만 들어도 심장이 뛴다. 아이들을 바라보면 꿈이 있는지부터 질문하고, 어떤 것에 관심이 있는지 궁금해한다. 올바른 진로를 정하는 데 도움을 주고 싶고 조금이라도 알려 주고 싶은 마음이 가득하다. 자신의 꿈을 발견하고 그 삶을 살아가는 것이 인생을 행복하게 사는 길이기 때문이다.

꿈과 재능은 서로 떼고 싶어도 뗄 수 없는 관계다. 재능은 내가 잘해보겠다고 해서 노력으로 되는 게 아니고 어느 정도는 타고나야 한다. 모차르트,

베토벤은 음악적인 재능을 타고난 사람들이며, 피카소나 고흐는 그림에 재능을 타고난 사람이다. 남들과 같은 시간 동안 피아노를 치고 그림을 그려도 그 결과가 다르다. 하지만 중요한 것은 재능은 있지만 즐기거나 좋아하지 않는 분야로 가면 결국은 뒤처지거나 지쳐서 포기하게 되는 점이다. 반면에 정말 좋아하면 지치지 않고 노력한다. 포기하지 않는다면 결국 불가능한 꿈은 없다. 대신 재능이 있는 사람보다 훨씬 더 시간이 걸릴 뿐이다. 예를 들어, 음치인데 노래를 잘하고 싶은 마음에 세계 최고의 가수가 되겠다는 꿈을 꾸었다고 하자. 재능이 없으니 쉽지는 않겠지만, 불가능하다고 말할 수는 없다. 여기서 중요한 점은 노래를 '정말 좋아하느냐'다. 만약 좋아하지도 않는 것을 꿈이라고 한다면, 진짜 자신의 꿈이라기보다는 욕심에 가까울 수 있다. 재능도 없고 좋아하지도 않지만 무턱대고 도전해 보다가 잘 안되면 중간에 쉽게 포기한다. 그런데 재능이 있고 자신이 좋아하기도 한 분야를 찾는다면 어떨까? 댄 자드라 Dan Zadra는 자신의 책 《파이브 Five》에서 재능에 대해 이렇게 말했다.

"재능은 신이 당신에게 준 선물이다. 특별히 배운 적이 없거나 특별한 노력이 없어도 쉽게 이루어 내는 일, 노래나 춤, 수학이나 음악, 조직 관리 같은 것이 무엇보다 쉽게 생각된다면, 그것이 바로 재능이다. 재능임을 드러내는 한 가지 표식은 그것을 성취하고자 하는 담대한 용기를 당신이 가지고 있느냐는 것이다."

즉 남들은 어려워하는데 나는 쉽게 할 수 있는 것, 그것이 재능이다. 그렇다면 나의 재능은 무엇일까? 주변 친구들은 어떻게 해야 할지 몰라 고민하고 있을 때 나는 비교적 쉽게 처리하는 일을 한번 찾아보자.

이런저런 나의 재능이 쉽게 떠오르지 않는다면 '재능 노트'를 활용해 보는 것도 좋다. 노트를 한 권 준비해 '000의 재능 노트'라고 자신의 이름을 넣은 제목을 적는다. 그리고 일주일 동안 자기 자신을 집중적으로 관찰한다. 남들보다 쉽게 해결한 일들, 다른 사람은 관심 없어 하지만 나는 이상하게 흥미가 가는 일들을 매일 발견할 때마다 적는다. 이렇게 리스트를 만들어 가면 어느 순간 나의 재능이 한눈에 보이기 시작한다. 이렇게 발견한 나만의 재능은 미래에 이룰 내 꿈으로 연결될 가능성이 매우 높다. 진짜 나의 꿈과 재능이 궁금하다면, 지금 당장 '재능 노트' 쓰기를 시작해 보자.

유난히 발달된
나만의 지능을 찾자

'세상을 깜짝 놀라게 한 어린 천재들, 지금은 어떻게 됐을까?'라는 제목의 기사가 2020년 10월 18일 인터넷 뉴스에 올라왔다. 초등학교에 다닐 나이인 중국 허난성河南省 출신의 13세 소녀 장이원张易文이 중국 대학 입시시험인 가오카오高考에 최연소로 응시했다는 내용이다. 궁금해서 중국 사이트를 찾아보니 '10세 여아 천재 신동 장이원이 가오카오 352점을 받았다'라는 기사가 나온다. 장이원은 교육열이 높은 아빠 손에 이끌려 네 살 때부터 공부를 시작해서 초중고 과정을 마치고 아홉 살부터는 대입 시험을 치기 시작했다.

중국의 가오카오는 약 940만 명이 응시하며, 이틀에 걸쳐 보는데 첫째 날에는 어문 과목과 수학 시험을, 둘째 날에는 문/이과 선택 과목과 영어 과목을 친다. 만점은 750점인데, 열세 살 장이원은 352점으로 허난성의 3년제 전문대학에 입학해서 2020년 7월에 졸업했다.

대학 관계자는 장이원을 성적이 중간 수준인 평범한 학생이고, 친구가 적으며 혼자서 많은 시간을 보냈다고 전했다. 그리고 장이원의 아버지는 딸이 대학에 다니며 수학을 어려워했는데 더 이상 공부로 압박하고 싶지 않았다며, 전문대 졸업 후 2년 정도 조교 생활을 마치면, 석사 시험을 보게 할 계획이라고 밝혔다.

열세 살 학생이 대학에 입학했다는 것만으로도 장이원은 분명 신동이 맞다. 그런데 뉴스를 자세히 보면 아빠 손에 이끌려 네 살 때부터 초중고 과정을 마치고 아홉 살부터는 대입 시험을 치기 시작했다고 한다. 또 더 이상 공부로 압박하고 싶지 않았다는 이야기를 통해 아빠의 공부 압박이 적지 않았음을 알 수 있다.

세계 최연소 대학 졸업자를 꿈꾼 벨기에 국적의 열 살짜리 천재 소년 로랑 시먼즈 Laurent Simons 는 아이큐가 145 이상이다. 로랑은 1년 6개월 만에 초중고 12년 과정을 마치고 아홉 살에 네덜란드 에인트호번 공과대학교 전자공학과에 입학하여 만 열 살 생일이 되기 전에 대학 졸업을 꿈꾸었다. 하지만 미국 하와이 출신의 마이클 키어니 Michael Kevin Kearney 가 갖고 있던 세계 최연소 대학 졸업 기록을 깰 수 없는 상황이 되자 '부모가 크게 반발하여' 대학을 중퇴하고, 박사 학위를 받기 위해 미국으로 떠났다. 이쯤 되면 세계 최연소 대학 졸업의 꿈은 로랑 본인의 꿈이 아니라 그 부모의 꿈이었던 것이 명백해 보인다.

1980년, 아이큐 210으로 당시 세계 최고 천재로 기네스북에 등재되었던 대한민국의 천재 김웅용이 있다. 교수 부모 밑에서 그는 세 살에 책을 출간하고, 네 살에 미적분을 풀었으며, 다섯 살에 모국어 외에 영어, 독일어, 프랑스어, 일본어 등 5개 국어를 구사하고 여덟 살에 미국에서 석박사 과정을 마친 후 열두 살에 미 우주항공국 나사 NASA에서 행성의 궤도를 수학적으로 계산하던 천재였다.

그러나 그는 어린 나이에 '국가의 사명'을 받고 나사에서 7년을 보내며 세간의 특별한 관심을 받다가 결국 나사를 그만두고 열아홉 살에 한국으로 돌아왔다. 그리고 검정고시로 초중고 학력을 취득하고 지방대를 졸업한 후 신한대학교 교수로 재직하며 조용히 살고 있다.

미국에 간 것이 전적으로 부모님 뜻이었다는 그는 "나사에서 일을 하는 게 우리나라를 위하는 거라고 교육받았지만, 더 이상 있을 수 없었습니다. 조국을 위해 큰 인물이 되라는 부모님의 가르침 때문에 어쩔 수 없이 있었던 것입니다"라고 말하며 자신의 선택이 아닌 삶을 살아야 했던 고충을 토로했다.

중국의 장이원, 벨기에의 로랑 시먼스 그리고 우리나라의 김웅용, 그들 모두는 신동 소리를 들었던 천재이지만, 사실 어른들이 집중한 분야는 지적인 능력을 평가하는 척도로 사용되는 아이큐 점수다.

미국 보스턴칼리지의 엘렌 위너Ellen Winner 심리학 교수는 BBC에서 "성인과 아이의 천재성은 다르다. 신동은 이미 개발된 특정 분야의 지식을 빠르게 학습하는 매우 조숙한 아이인 반면, 성인에게 천재란 특정 분야를 혁신하는 사람이다"라고 했다. 이것은 매우 중요한 요소이다. 내 자녀가 신동이면 좋을 것 같지만, 어디까지나 그것은 부모의 입장이다. 그렇다면 아이큐는 사람의 천재성을 선별해 주는 정확한 기준일까?

사실 아이큐는 본래 정신지체아를 가려낼 목적으로 1905년 프랑스의 심리학자 알프레드 비네Alfred Binet가 개발한 지능 검사에, 1926년 루이스 터먼Lewis Terman이 지능 지수를 추가하면서 지능의 일부분을 점수화한 것이다. 그런데 이 수치가 마치 똑똑한 아이의 기준인 것처럼 여겨지는 풍조가 만연되었다.

한때 너도나도 아이큐 검사를 하던 시기가 있었다. 학교에서도 아이큐 검사를 실시해서 마치 그 점수가 영어, 수학뿐만 아니라 음악, 체육 및 생활 태도까지 평가하는 기준이라도 되는 것처럼 교사가 학생의 모든 면을 판단하는 척도로 삼기도 했다.

미국 하버드대 교육대학원의 하워드 가드너 Howard Gardner 교수는 1983년 그의 책 《마음의 틀 Frames of Mind》에서 인간의 지능은 서로 독립적이며, 서로 다른 여러 능력으로 구성되었다는 다중지능이론 Multiple Intelligence Theory을 제시했다. 그는 "아이큐만으로는 인간의 모든 지능 영역을 판단할 수 없다"며 아이큐를 주로 관장하는 언어지능, 논리수리지능 말고도 음악지능, 공간지능, 신체지능, 대인관계지능, 자기이해지능, 자연탐구지능이 더 있다고 했다.

이 이론에 근거하여 관찰된 바에 의하면, 음악지능은 3세부터 급격히 발달하고, 신체지능은 7세부터 급격히 발달하며 언어지능, 논리수학지능 및 공간지능은 15세를 전후로 급격히 발달한다. 그러니 15세 이전의 아이들에게 외국어, 수학, 과학 등 시험 성적을 기준으로 "너는 공부는 이미 틀렸어"라고 말하는 것은 잘못된 것이다.

그 대신 어릴 때 음악이나 체육 쪽에 특별한 재능이 있는지 잘 살펴볼 필요가 있다. 음악 신동 모차르트는 세 살 때 악기를 시작하여 다섯 살 때 작곡을 했으며, 피겨 스케이팅 여왕 김연아 선수도 일곱 살 때 피겨 스케이팅을 시작하면서 재능을 보였다.

하워드 교수는 여덟 가지 지능 감각이 조합·융합됨으로 개인의 다양한 재능이 밝혀진다고 했다. 한 사람에게 한 가지 지능만 부여되는 것이 아니다. 주변을 살펴보면 음악을 잘하는 친구가 미술도 잘하는 경우도 있고, 공부를 잘하는 친구가 체육도 잘하는 경우도 있다. 지능은 태어나면서 갖고 있는 경우도 있지만, 후천적인 훈련을 통해 계발되기도 한다.

나는 초등학교부터 대학원을 졸업할 때까지 음악을 정식으로 배워본 적이 없다. 중학교 2학년 때 친구 집에 놀러 갔다가 친구가 기타를 치는 모습을 보고 나도 기타를 쳐 보기로 마음을 먹었다. 그렇게 용돈을 열심히 모아 중학교 3학년 마지막 수업을 마치던 날 기타를 구입해서 겨울방학 내내 독학으로 쳤던 것이 내 음악 인생의 시작이다.

중간에 멈추지 않고 거의 35년을 친 지금은 30여 곡을 작곡하고 개인 음반을 발매하는 데까지 이르렀다. 독학으로 배운 음악은 정확한 음을 짚어 내지 못한다는 단점이 있기는 하지만, 완전히 내 스타일의 코드를 만들어 내서 친다는 장점도 있다. 나만의 음악은 바쁜 인생 가운데 마음을 안정시키고 또 업무적으로도 창의적인 해결책을 내는 데 도움을 주어 삶을 풍요롭게 해준다.

우리는 체육을 잘해서 운동선수가 되겠다는 친구의 신체지능은 무시하면서, 수학을 잘하는 다른 친구의 논리수리지능은 중시하고 있지는 않은가? 식물을 좋아해 산으로 들로 다니며 행복하게 식물학자가 되겠다는 자연탐구지능은 무시하면서, 영어를 잘하는 언어지능은 중시하고 있지는 않은가? 만화를 좋아하고 잘 그려서 만화가가 되겠다며 자신의 특장점을 발견해 내는 자기이해지능은 애써 무시하고 있지는 않은가?

시야를 넓혀 보자. 지능은 여러 가지이고, 이들이 서로 맞물려 융합하면 생각지도 못한 시너지Synergy를 낸다. 미국 메이저리그나 유럽 축구리그의 운동선수는 일반 직장인보다 천문학적으로 더 많은 돈을 번다. 지금은 우리나라 야구 선수들도 잘하는 선수는 연봉이 3년에 50억 원이나 된다. 먹는 것만 전문적으로 찍는 유명 유튜버의 한 달 수입이 1억 원이 넘는다. 종목에 상관없이 한 가지만 전문적으로 잘해도 전문가 소리를 듣는 시대다. 이처럼 남들보다 발달한 나만의 특별한 지능을 발견한다면, 우리 꿈을 찾고 이루는 데 훨씬 도움이 될 것이다. 비록 지금은 별 쓸모없어 보이는 지능이라도 미래에 어떤 역할을 할지는 아무도 모른다. 잘나가는 먹방 유튜버만 보아도 알 수 있다. 잘 먹고, 많이 먹는 것만으로도 큰돈을 벌 줄이야 과거에는 상상이나 했을까? 그러니 작은 것이라도 놓치지 말고 자신의 특별한 지능을 발견하도록 노력해 보자.

과연 나는 어떤 지능이 발달했을까?

돈이 아깝지 않는
분야를 찾아라

저마다 돈을 쓰는 데 있어 아까워하지 않는 분야가 있다. 고급 승용차를 사는 데는 전혀 아끼지 않으면서 식당에서 음식을 사 먹는 비용은 아까워하는 사람이 있는가 하면, 먹는 데는 돈을 전혀 아끼지 않으면서도 옷을 사는 데는 몹시 인색한 사람이 있다. 그것은 저마다 느끼는 가치가 다르기 때문이다.

음식은 허름한 식당에서 대충 먹을지언정 차는 비싼 차를 타는 사람은 안전을 가장 중요하게 생각하거나 혹은 다른 사람의 시선을 더 중요한 가치로 두는 사람일 수 있고, 옷은 아무거나 입어도 먹는 데는 돈을 아끼지 않는 사람은 몸의 건강과 맛있는 음식에 대한 가치를 높게 생각하는 사람일 수 있다. 누구든지 자신이 좋아하고 가치 있다고 생각하는 곳에는 돈을 아까워하지 않는다.

캠핑과 와인을 좋아하는 회사 동료가 지불한 캠핑 장비 비용이 엄청나다. 차량도 캠핑하기 좋은 외국산 RV 차량으로 바꿨다. 주말만 되면 전국을 돌아다니는 그는 캠핑가서 와인을 즐기는 사진을 블로그에 올리는 것을 행복해하는 파워블로거이다. 그래서 그는 와인과 캠핑에 쏟는 비용을 아까워하지 않는다.

나는 기능적인 가치를 중시하는 편이다. 옷은 겨울에는 따뜻하면 되고 차는 잘 굴러가면 된다는 생각으로 산다. 자동차도 브랜드를 고집하지 않는다. 가성비가 좋으면 국내산이든 외국산이든 크게 가리지 않는다. 내가 돈을 아끼지 않는 부분은 따로 있다. 그건 여행과 경험이다.

여행은 넓은 세상을 보게 하고 삶에 지혜를 주기 때문에 가능한 한 많이 하려고 애를 쓴다. 국내뿐만 아니라 해외여행도 필요하면 테마에 맞춰 간다. 자녀들의 교육 테마가 가장 많다. 여행할 때는 비싼 호텔에서도 자보고 일반 게스트하우스에서도 자본다. 너무 좋은 숙소만 고집하면 모든 여행이 고급스러워야 한다고 착각하게 되고, 또 너무 돈 생각하며 싼 곳만 고집하면 여행이 아니라 고생이 되기 때문이다.

다양한 경험은 세상을 폭넓게 이해하게 해준다. 젊었을 때 중국 여행을 했을 때는 하루 30위안 한화 약 5,000원짜리에서도 자봤고, 홍콩에 여행을 갔을 때는 하루 4,400위안 한화 약 80만 원짜리 페닌슐라 호텔에서도 자봤다. 새로운 지역에 가면 그 지역만의 문화 체험을 빼놓지 않는다. 음식도 내 입에 맞는 음식만 고집하지 않고, 일단 그 지역 특산물도 다양하게 먹어 본다. 이런 다양한 경험이 쌓이니 사람들에게 폭넓은 조언을 해줄 수 있다.

예전 회사원 시절 북경으로 지역 전문가 파견을 갔을 때 일이다. 내 동료한 명은 지역 연구를 갈 때마다 회사에서 지원되는 숙소 예산의 평균 금액에 딱 맞춰 항상 4성급 호텔만 고집했다. 나는 그 친구에게 이렇게 말했다.

"4성급 호텔에서만 자면 5성급 호텔 분위기는 알 수가 없어. 또 2성급, 3성급 호텔의 가성비의 장점과 그곳을 이용하는 현지 사람들을 만나보기도 힘들지. 여러 수준의 호텔에서 다양하게 자 봐야 좀 더 폭넓은 경험을 할 수 있지 않을까?"

그 이후로 동료는 내 말을 새겨듣고 다양한 숙소 경험을 하더니 5년 후에 주재원으로 나갔다.

물론 가족과 여행을 갈 때는 나도 안전을 가장 중요하게 생각한다. 하지만 최고로 기분 내고 싶을 때는 좋은 호텔이나 리조트에서 자고, 다양한 경험이 필요하면 안전한 곳 중에서 가장 저렴한 곳을 정한다.

또 한 가지 내가 돈을 아끼지 않는 분야는 책이다. 요즘에는 지역 도서관이 잘 되어 있어서 자주 이용한다. 또 새 책처럼 깨끗한 중고 책이 많아서 알라딘 같은 중고 서점을 선호하지만 필요한 책을 살 때는 새 책이든, 중고 책이든 수량을 정하지 않고 산다. 책은 간접 체험이기 때문이다.

또 정해진 한도 내에서 하는 배움에는 돈을 아끼지 않는 편이다. 딸들에게도 목적이 뚜렷하면 군이 한국 대학만 생각하지 말고 해외로 나가서 더 큰 공부를 하라고 말해 준다. 정말 해외에서 공부하고 싶다면 스스로 어떻게든 방법을 찾게 되어 있다. 장학금을 받아 유학을 가는 방법도 있다. 물론 공부가 적성에 맞지 않으면 군이 대학에 가지 않아도 된다고도 이미 여러 차례 이야기했다.

누구든지 자신이 좋아하고 가치가 있다고 여기는 것에는 돈 쓰는 것이 결코 아깝지 않다. 이렇게 사용한 돈은 인생 공부가 되고 반드시 도움이 된다. 돈에 끌려다니지 않으면서도 가치 있고 행복하게 돈을 사용하는 방법을 생각해 보자. 자기가 가장 좋아하는 쪽에 인생을 투자하면, 삶을 더욱 값지게 살게 된다.

꿈을 발견하는
즐기는 공부를 하자

초등학교를 졸업하고 중학교 1학년이 되기 직전 겨울방학 때 아버지와 함께 광화문 교보문고에 갔다. 그때 샀던 첫 번째 책이 《공부하는 방법을 알자》였다. 아버지께서 나에게 읽고 싶은 책을 한 권 골라보라고 하셨는데 이런저런 책을 훑어보다 내 눈에 들어왔던 책이다. 일본 사람이 쓴 책을 번역한 것으로 기억하는데 아마도 당시에 나는 공부를 잘하고 싶었던 모양이다.

자기가 원하는 꿈을 이루기 위해서 꼭 필요한 공부가 있다. 꿈을 이루기 위한 초석으로 어느 정도 학교 성적을 올려서 원하는 대학과 학과에 입학해야 하는 경우도 있다. 그렇게 목적이 분명한 사람은 누가 말하지 않아도 스스로 집중해서 효율적으로 공부한다. 이럴 때 무턱대고 공부하기보다는 주어진 시간 안에서 효과적으로 공부하는 방법을 알아 둔다면, 꿈에 한 발짝 더 다가갈 좋은 기회가 될 것이다.

독일의 심리학자 에빙하우스 Ebbinghaus가 만든 '망각곡선 Forgetting Curve'은 공부한 직후 머릿속에 남은 지식이 시간이 지나면서 얼마나 사라지는지를 곡선으로 표기한 것이다. 대부분 학생은 수업 시간에는 분명 이해를 했는데 쉬는 시간이 되어 책을 덮고 나면 다음 시간에는 기억이 가물가물해진다. 구체적인 부분은 기억이 잘 나지 않는다. 왜 그럴까? 망각 기능이 작동하기 전에 공부한 것을 복습하지 않았기 때문이다. 어차피 해야 할 공부라면 그 '방법'을 알면 훨씬 효과적이다. 내 경험상 가장 효과적이었던 방법은 다음 두 가지다.

첫째, 누적 복습을 한다

누적 복습을 하면 머릿속에서 잊힐 만할 때 처음부터 리마인드를 해주기 때문에 기억이 명확해진다. 누적 복습하는 방법은 간단하다. 예를 들어, 어제 1쪽부터 10쪽까지 배웠으면 1쪽부터 10쪽까지 복습하고, 오늘 11쪽부터 20쪽까지 배웠다면, 오늘은 어제 배운 부분을 포함해 1쪽부터 20쪽까지 복습하는 방법이다. 이렇게 복습하면 앞에 배운 것을 절대로 잊어버리지 않는다.

둘째, 백지 쓰기를 한다

시험 범위가 1쪽부터 20쪽이라면, 먼저 해당 범위를 공부한 후에 책을 덮고 시험 범위 내의 내용을 백지에 순서대로 적어 본다. 다 아는 것 같은데 적다 보면 못 적는 부분이 반드시 생긴다. 완전히 내용을 이해하고 암기해야만 백지 쓰기가 가능하기 때문이다. 하나도 빠지지 않고 내용을 다 썼다면 어떤 문제가 나와도 답안을 쓸 수 있다.

'공부는 배움이면서 즐거움이고 행복이다.'
논어의 가장 앞쪽에 위치한 '학이學而편'에 나오는 말이다. 공자는 '학이시

습지 불역열호 學而時習之 不亦說乎'라고 했다. 배우고 때때로 익히면 이보다 더한 기쁨이 없다는 뜻이다. 이 의미는 우리가 찾아야 하는 진정한 기쁨은 많은 돈이나 명예를 소유하는 것이 아니라 배움으로 아는 것임을 깨닫게 한다.

배우는 방법은 여러 가지다. 삶에서 직접 체험으로 배우는 직접 배움이 있고, 책을 통해 다른 사람이 경험하고 깨달은 바를 배우는 간접 배움이 있다. 그 간접 배움 중에서 고전 독서를 가장 추천하는데, 고전은 오랜 세월 동안 수많은 사람이 고민하고 깨달은 결정체이기 때문이다. 그래서 고전 독서는 나를 알고 내 꿈을 찾는 데 큰 도움이 된다.

문학 고전은 인간의 마음을 알게 하고, 철학 고전은 인간의 생각을 알게 하며, 역사 고전은 인간 삶의 패턴을 배우게 한다. 마크 트웨인Mark Twain은 "당신에게 가장 필요한 책은 당신이 가장 많이 생각하도록 해주는 책이다" 라고 했다. 고전은 바로 그 생각하는 힘을 길러준다.

그렇다면 안다는 것은 무엇인가? 논어의 '위정 爲政 편'에서 '지지위지지 부지위부지 시지야 知之爲知之 不知爲不知 是知也'라고 했다. '아는 것을 안다고 하고 모르는 것을 모른다고 하는 것이 아는 것'이라는 뜻이다. 이것이 바로 '메타인지 Metacognition'다. 우리가 어떤 지식을 아는 것 같아도 양파껍질 까듯 두세 번만 물어보면 사실은 잘 모르고 있다. 진짜 알아야 할 핵심은 모르고 껍데기만 아는 것이다. 내가 모른다는 사실을 알아야 모르는 것을 배울 수 있다. 마찬가지로 내가 나를 아는 것 같아도 사실 잘 모르는 부분이 더 많다. 자신의 꿈이 무엇인지 찾고자 할 때도 내가 나를 아는 만큼의 범주 안에서 구체화시킬 수 있다.

자신이 모른다는 사실이 드러나는 것을 두려워하는 학생이 있었다. 수업 시간에 시험을 보는데 20문제짜리 문제 중 대여섯 문제를 풀다가 시험지를 덮고 이렇게 말했다.

"제가 마음먹고 이 문제들 풀면 다 맞힐 수 있는데요, 지금은 그냥 풀고 싶지 않아요."

그런데 이런 일이 한두 번이 아니었다. 매번 마음을 먹지 않았다. 이 학생은 결국 고2가 되어서 진로를 미대로 바꾸었지만, 그림조차 비슷한 태도로 대했다. 미술 담당 선생님이 그림 숙제를 20장 내줬는데 3~4장만 제대로 그리고 나머지는 제출일까지 그리다 말았다. 배움에 대한 즐거움이 전혀 없기 때문이고, 메타인지를 애써 무시했기 때문이며, 나의 삶이 아니라 남을 의식하는 삶을 살기 때문이다.

모르는 것을 배우다 보면 어려울 수 있다. 배움은 즐거움이다. 아무거나 배우는 것이 아니라 적성에 맞고 내가 알고 싶은 것을 배울 때 그렇다. 말콤 글래드웰 Malcolm Gladwell이 자신의 책《아웃라이어 Outliers》에서 1만 시간의 법칙을 얘기했다. 한 분야를 1만 시간 동안 하면 그 방면에 전문가가 된다는 주장이다. 김연아가 수많은 시간을 연습했기 때문에 피겨스케이팅의 전 세계 일인자가 됐던 것처럼 재능을 넘어서 물리적인 훈련의 시간도 필요하다. 그렇다면 아무거나 1만 시간만 몰두하면 될까? 그렇지 않다. 자신의 마음이 끌리는 것, 자신이 즐기는 것에 집중할 때 그 효과가 나타난다.

온라인으로 영어를 가르치는 사업을 하는 친구의 부탁으로 영어 고전문학을 가르친 적이 있다. 셰익스피어의 작품 중 〈맥베스 Macbeth〉와 〈베니스의 상인 The Merchant of Venice〉을 2년간 가르쳤는데 학생 중에 나이가 지긋하신 분들이 있었다. 자녀를 다 키우고 나니 본인이 예전에 그렇게 하고 싶었던 영문학 공부를 뒤늦게 시작한 것이다. 70대 할머니가 셰익스피어 영어 원전을 공부하면서 정말 즐거워하며 단 한 번도 수업에 빠진 적이 없다. 비록 발음이 좋지는 않았지만 자신의 꿈에 도전하는 그 모습이 존경스러웠다. 내가 더 감사한 마음에 영국 셰익스피어 생가에서 사 온 가죽 책갈피를 선물로 보내 드렸다.

논어 '옹야雍也편'에 '지지자불여호지자, 호지자불여락지자 知之者不如好之者, 好之者不如樂之者'라고 했다. 아는 자는 좋아하는 자만 못 하고 좋아하는 자는 즐기는 자만 못 한다는 뜻이다. 공부도 마찬가지다. 즐기는 공부, 그것이 최고의 공부다. 나의 알고 모름을 깨닫고 그 깨달음으로 나를 정확히 알고 그 앎의 기쁨이 즐거움이 되어 누가 시키지 않아도 더 깊이 파고드는 것이 진정한 공부다. 학교에 적용하면 즐거운 학과 공부가 되고, 인생에 적용하면 행복한 인생 공부가 된다.

그 옛날 공자도 공부의 원리를 이렇게 말했는데 우리는 공식을 외워 시험 성적을 높이느라 스스로 몹시 고달프고 불행한 삶을 살고 있다. 즐거움과 행복을 위한 공부인가 아니면 시험 성적을 위한 공부인가? 내 삶을 위한 공부인가, 아니면 부모님을 위한 공부인가? 누구를 위한 공부인가?

우리 가족끼리 '우리 가족 논어 캠프'를 중국 산동성 칭다오青島에서 진행한 적이 있다. 산동성은 공자의 고향이며 공자의 사당이 있어서 논어 캠프에 적합하다. 공자 사당을 방문하고 저녁에는 숙소에서 논어 '옹야편'의 한 구절 '지지자불여호지자, 호지자불여락지자'의 내용을 들려주며, 아이들과 이 구절을 함께 암송했다. 암송 후에는 공부에 대한 자신의 생각을 발표했다. 이처럼 무턱대고 하는 공부가 아니라 자신이 좋아하고 즐기는 자로서 공부하려는 생각을 마음에 심는 것이 중요하다.

독서로 생각하는
힘을 기우자

미국 일리노이주에 있는 시카고대학교는 세계에서 노벨상 수상자를 가장 많이 배출한 학교 중 하나다. 2018년까지 91명의 노벨상 수상자를 배출해서, 세계에서 네 번째로 노벨상 수상자를 배출한 프랑스보다 수상자가 더 많다. 시카고대학교의 별명이 '노벨상 왕국'이다. 영국이나 미국의 유수의 대학평가기관이 평가한 순위에서 전 세계 10위 안에 드는 시카고대학교는 특히 경제학 분야는 타의 추종을 불허한다.

이런 훌륭한 대학이 사실 1890년 처음 설립될 때부터 거의 40년 동안은 삼류 대학에 가까웠다. 그러다 1929년 제5대 총장으로 부임한 로버트 허친스Robert Hutchins가 추진한 '시카고 플랜The Great Book Program'을 통해 학교가 획기적으로 변화했다.

허친스는 시카고 플랜을 통해 학부 학생들에게 철학 고전을 비롯한 세계의 위대한 고전 100권을 외울 정도로 읽지 않은 학생은 졸업시키지 않겠다는 고전 독서교육을 학교 정책으로 실시하였다. 허친스 총장이 부임하기 전에는 책을 거의 읽지 않았던 학생들이 고전 독서를 통해 두뇌가 깨어나기 시작했다. 허친스 총장은 고전을 읽는 학생들에게 아래와 같은 세 가지 사항을 요구했다.

첫째, 책을 읽을 때 너에게 가장 잘 맞는 롤모델 Role Model 을 한 명 골라라.
둘째, 네 인생의 모토 Motto 가 될 수 있는 변하지 않는 가치를 발견하라.
셋째, 발견한 가치에 대해 꿈과 비전을 가져라.

대학총장의 요구대로 자신의 롤모델을 찾고 인생 모토를 발견하여 그 가치에 꿈과 비전을 가지려는 마음으로 책을 읽다 보니 학생들이 책을 대하는 마음가짐이 달라졌다. 자신의 인생에 적용하느라 여러 번 생각하고 스스로 변화시켰다. 시카고대학교는 고전 독서교육을 통해 학생들을 생각하게 만들었으며, 토론을 통해 학문을 더욱 발전시켰다. 허친스 총장이 부임한 1929년부터 계산해도 90년 동안 노벨상 수상자 91명을 배출했으니 평균 1년에 한 명씩 노벨상 수상자를 배출한 셈이다.

독서의 가장 큰 장점은 단연코 '왜?'라는 질문을 하게 하는 '생각하는 힘'을 키워 주는 것이다. 독서는 두뇌를 자극하여 활동적으로 유지시켜 준다. 책 내용을 인지하고 공감 능력을 키워 주며 읽어서 얻은 지식에 대한 이해력을 증강시켜 지능을 높여 준다. 책을 많이 읽을수록 새로운 단어에 노출되어 어휘력을 늘려 주기 때문에 언어 능력이 향상된다. 또한 풍부한 상상력을 심어 주어 호기심을 자극하기 때문에 '왜?'라는 질문을 유발시킨다. 창의적으로 생각하는 힘이 생기는 것이다.

생각하는 힘이 약하면 판단력이 흐려져 주어진 정보가 진짜인지 가짜인지 판별하기 어렵다. 또한, 자신의 꿈이 무엇인지 알지 못해 인생의 길을 정하는 데 어려움에 봉착한다. 생각하는 힘을 키우는 데는 글로 된 책이 효과적이다. 그림책이나 만화책은 정형화된 시각 이미지를 통해 개념을 만들기때문에 상상력을 제한한다. 또한 두뇌를 크게 자극하지 않으며, 뇌가 생각할 필요가 없다고 판단하기 때문에 보고 나면 강렬하게 남은 한두 장면을제외하고 지식적인 정보는 희미해진다.

반대로 글로 된 책은 시각기관으로 글자를 인식한 후에 그에 해당하는 이미지를 만들어 내는데 사람마다 경험한 이미지가 달라 정형화되지 않은 다양한 이미지를 만든다. 예를 들어 '새'라는 글자를 읽었을 때 누군가는 독수리를, 누군가는 참새를 연상한다. 여러 종류의 새를 본 사람은 자신이 경험한 많은 새 중 하나를 머릿속에서 바쁘게 고르고 있을 것이다.

'왜?'라는 질문을 던지는 생각하는 힘'을 더 키우려면 독서 후에 두 사람혹은 몇 사람이 읽은 책에 대해 서로 질문하고 답변해 보면 좋다. '왜?'라는질문에 대해 나와 다른 생각을 가진 다른 사람의 이유를 들어보면 사고가확장된다. 그 이유를 듣다가 새로운 궁금증이 생기면 이어서 다시 질문하면된다. 이런 식의 교육 방식은 유대인에게서 쉽게 볼 수 있다.

탈무드와 유대인의 가치를 공부하는 유대인의 전통 도서관인 예시바 Yeshiva는 천 개가 넘는 좌석이 두 명씩 서로 마주 보며 있어 질문하고 토론하며 논쟁하는 도서관이다. 서로 모르는 사람끼리도 자연스럽게 질문하고 토론한다. 이렇게 2~3년을 논쟁하고 토론하면 고정된 사고의 틀이 깨어진다. 독서와 질문 그리고 토론, 이것이 생각하는 힘의 원천이다.

내가 중학생 시절에는 읽고 싶은 책을 빌리려면 버스를 두 번 갈아타고국립중앙도서관에 가거나 30분을 걸어 서점에 가서 책을 사야 했다. 책 한

권 보기에도 정말 불편한 환경이었다. 어른이 되어 미국여행을 갔다가 가장 부러웠던 것이 지역 도서관이었다. 자그마한 도시의 지역 도서관이 우리나라 중앙도서관보다 시설이 좋았고 책도 아주 많았다. 그런데 감사하게도 요즘에는 우리나라도 지역마다 도서관이 많아졌으며 시설도 아주 좋다. 무엇보다 책이 정말 많다. 없는 책은 지역 간 공유가 되어 빌릴 수도 있고, 신간은 구매 요청을 하면 새로 구입해 놓는다.

책이 없어서 못 읽었다는 것은 이제 100% 핑계다. 2019년 기준으로 경기도 내 공공도서관 수가 277관이고 서울은 180관에 이른다. 전국적으로는 천여 개가 넘는다. 지역 공공도서관을 방학이나 주말을 이용해서 잘 활용하면 큰돈 안 들이고 생각하는 힘을 기를 수 있다. 나는 매년 약 50~100권의 책을 읽는데 대부분 우리 동네 지역 도서관에서 빌린 책이다.

독서를 통해 생각하는 힘이 길러지면 나에 대해서도 깊이 있게 생각할 수 있다. 나를 제대로 알게 될수록 자신의 꿈도 제대로 찾아갈 확률이 훨씬 높아진다. 독서는 생각하고 이성적으로 판단하는 기능을 담당하는 전두엽을 활성화시킨다. 각종 영상은 생각할 필요가 없이 그냥 주어진 콘텐츠를 보기만 하면 되기 때문에 전두엽보다는 감정을 다루는 후두엽이 발달한다. 자신의 꿈이 무엇인지 잘 모르는 이유도 스마트폰을 항상 손에 쥐고 동영상과 SNS에 매몰된 채 시간을 보내기 때문이 아닐까 생각한다. 이제는 스마트폰보다 책을 더 가까이 해보면 어떨까? 책을 통해 생각하는 힘을 키운다면, 지금 보는 세상보다 훨씬 넓은 세상이 보일 것이다.

고전에서 지혜를 찾자

독서의 최고봉을 꼽으라면 나는 고전 독서를 꼽는다. 고전은 오랜 세월 동안 많은 사람의 인정을 받으며 전해 내려온 책이다. 그 안에 인간의 다양한 인생이 들어 있어 '인간이란 무엇인가?'라는 철학적 질문에 대해 깊이 생각하게 만들기 때문이다. 이런 근본적인 질문은 자신에 대해 생각하는 기초가 된다.

책을 읽는 방법은 여러 가지다. 주제별로 읽을 수도 있고, 역사적 시간의 순서대로 읽을 수도 있으며, 사건을 중심으로 읽을 수도 있다. 혹은 작가의 작품을 모두 몰아서 읽는 방법도 있다. 역사적 순서대로 읽는 독서의 장점은 시대 상황을 이해하며 그 책을 더 깊고 풍성하게 읽을 수 있다는 점이다. 예를 들어, 노벨문학상을 받은 윌리엄 골딩 Wiliam Golding의 대표작 《파리대왕 Lord of the Flies》은 제2차 세계 대전의 맥락에서 읽어야 하고, 《논어》는 중국 사상의 황금기였던 춘추 전국 시대의 맥락에서 읽어야 정확한 저자의 뜻을 얻을 수 있다.

고전이 독자에게 생각하는 힘을 길러 주는 또 다른 이유는 고전이 축적된 지혜의 질문이기 때문이다. 고전은 독자에게 질문을 한다.

"너 인생을 어떻게 살아갈래?"
"너는 잭이라는 인물을 어떻게 생각하니? 너하고는 어떤 부분이 똑같아?"
"그 경우에 너라면 어떤 결정을 내렸을까?"

책이 나에게 한 질문이 꼬리에 꼬리를 물고 이어져 질문을 한다. 내가 질문을 만들기도 전에 책이 먼저 나에게 질문을 던진다. 바로 이것이 고전 독서의 힘이다.

인터넷에 보면 고전 독서 시리즈가 학년별로 구분되어 올라온 것들이 많다. 학년에 맞춰 적절한 고전을 읽으면 더욱 효과적이다. 부모님이나 친구와 함께 책을 읽고 생각한 질문을 서로에게 해주면 더욱 좋다. 서로의 생각을 들어보며 자신의 생각을 정리하는 시간이 된다.

책을 읽을 때는 아래의 세 가지 질문을 생각하면서 읽는 것을 추천한다.

"이 책에서 말하는 인간이란 무엇인가?"
"이 책에 나타난 인간의 문제점은 무엇이고, 해결점은 무엇인가?"
"이 책이 나에게 말하는 인간은 현대 사회의 관점에서 어떻게 해석할 수 있는가?"

이 세 가지 질문에 답할 수 있다면 꿈을 알아가는 데 중요한 열쇠가 될 것이다. 더 확장하면 AI 시대를 살아갈 자신만의 사업으로 연결시킬 수도 있다. 인간에 대한 해석이 현시대 사업에 직접적으로 연결되기 때문이다.

행동주의 심리학자들은 인간을 동물과 같은 관점에서 해석했기 때문에 파블로프Pavlov의 실험으로 이어졌고, 프로이트는 인간의 무의식이 성性에 대한 욕망으로 가득한 존재라고 해석했기 때문에 오늘날 마케팅이 성 상품화로 이어진다. 그래서 올바른 분별력을 가지고 인간의 문제점을 고민해 보는 과정이 있어야 자신의 꿈을 정확히 발견하고 이루어 낼 수 있다.

세계관을 넓히고 정립하는 데 세계 역사는 직접적인 관련이 있다. 우리나라 역사계가 지금까지 서로 다른 의견으로 논란이 많은 이유는 어떤 관점으로 역사를 보는지에 따라 다르기 때문이다.

일제 강점기의 식민사관을 중심으로 배워온 역사학자들은 우리나라 고대사를 지금의 중국 땅과 시베리아로 넓히는 민족주의적 관점의 역사학자들의 주장을 받아들이지 않는다. 미국인의 관점으로 기술된 미국사는 원주민을 미개하고 잔혹한 종족으로 묘사하여 자신의 공격과 영토 침탈을 정당화한다. 또한 일본인의 관점에서 기술된 역사 역시 한반도 침략을 정당화하고 없던 것도 만들어 낸다. 그래서 역사를 정확하게 판단하려면 냉철하고 객관적인 관점으로 역사를 보아야 하고, 내가 주장하는 관점뿐만 아니라 타인이 주장하는 관점도 같이 확인해서 판단해야 한다.

꿈도 마찬가지다. 고전 독서를 통해 얻은 세계관은 세계 속에서 내 꿈을 어떻게 펼쳐낼지를 이끌어가는 원동력이 된다. 온라인으로 연결된 세계는 하나의 국가에 테두리를 쳐서 따로 살 수 없게 만든다. 경제적으로는 이미 많은 국가가 하나로 연결되어 있다. 원자재 공급지와 제조 공장이 다른 나라에서 서로 연결되어 있으니, 이 나라에서 원자재가 부족하면 저 나라에서 물건값이 오른다. 인재와 기술력의 수출을 통해 살아야 하는 우리나라는 한반도 내에서만 우리의 꿈을 한정시키는 것 자체가 제한된다.

고전 독서의 또 다른 장점은 우리 삶을 철학적 태도로 이끈다는 점이다. 우리는 철학이라는 단어를 아주 어렵게 생각하는 경향이 있다. 철학의 사전적 의미는 '세상의 구성과 인간 삶에 대한 근본 원리나 본질을 탐구하는 것'이다. 이를 필로소피아 Pilosophia라고 하는데 '지혜 sophia에 대한 사랑 philos'이라는 뜻에서 유래했다.

철학이 지혜에 대한 사랑이라는 개념은 우리가 공부하는 이유를 아주 잘 담고 있다. 즉 철학이 하나의 학문으로써가 아니라 삶을 의미 있게 살아가는 기본자세가 된다.

진리를 탐구하는 자세로서의 철학, 세상을 바라보는 눈을 정립하고 길러주는 세계관, 나 자신이 누구인지 알 수 있는 고민을 담은 질문과 답변을 고전 독서를 통해 얻을 수 있다. 또 이것이 확장되면서 나의 꿈과 비전을 찾는 데 큰 도움이 될 것이다.

"끝까지 해보기 전에는
늘 불가능해 보입니다."

— 넬슨 만델라 Nelson Mandela —

Chapter 5

꿈과 비전을
찾는 방법

삶의 버킷 리스트를 실천하자

〈버킷 리스트 Bucket List〉라는 영화가 있다. 죽기 전에 꼭 한 번은 해보고 싶은 목록이 바로 버킷 리스트다. 가난하지만 한평생 가정을 위해 자신을 헌신하며 살아온 자동차 정비사 카터와 자수성가한 백만장자이지만 성격이 괴팍해서 친구 없이 살아온 잭이 병들어 같은 병원에 입원한다. 서로가 살아갈 날이 얼마 남지 않은 상황임을 알게 되었을 때 죽기 전에 하고 싶었던 것들을 적어서 함께 이뤄 나간다는 이야기다.

우리 삶에서도 흔히 비슷한 일이 일어난다. 누구나 죽는데 이 땅에서 영원히 살 것처럼 살다 보니 내 꿈을 뒷전으로 미루다가 마지막에 후회한다. 때로는 일이 너무 바빠서, 때로는 돈이 없어서, 때로는 시간이 없어서 삶의 버킷 리스트는 늘 뒤로 밀려난다. 그러나 삶의 마지막 순간이 오면 "아, 이럴 줄 알았으면 이것저것 그냥 다 해볼걸" 하고 후회한다. 하지만 후회는 아무리 빨라도 소용이 없으며, 아쉬운 순간은 항상 예고 없이 찾아온다.

2009년 회사에 출근하던 어느 날, 도착을 5분 남긴 회사 인근 사거리를 통과할 때 좌측에서 신호를 무시한 채 빠르게 달려오던 마티즈 차량이 내 차를 향해 그대로 돌진했다. '쾅!' 하고 폭탄이 터지는 것 같은 소리와 함께 운전석 바로 뒷부분이 푹 들어가며 차가 한 바퀴 휙 돌았다.

자동차가 충돌할 때 머리를 왼쪽 창에 부딪히며 나는 순간적으로 기절했다. 충돌 장면을 본 사거리 편의점 주인은 내가 한동안 운전석에서 나오지 않자 운전자가 죽은 것 같다고 경찰에게 진술했다. 마티즈 운전사는 노란색 신호등에 빨리 지나가려고 무리하게 가속페달을 밟았던 것 같다.

상대 차량이 1초만 더 빨랐더라면 차량은 운전석으로 돌진했을 것이고, 나는 아마도 그 자리에서 사망했을 것이다. 속도가 1초 더 빠르지 않았더라도, 만일 상대 차량이 경차가 아닌 중형차였다고 해도, 역시 나는 죽거나 아주 크게 다쳤을 것이다.

그날은 토요일이었다. 금요일에 못다 한 일을 마저 하려고 했던 출근이 인생의 마지막이 될 뻔했다. 병원에 입원해 있는데 온갖 생각이 머릿속을 스치고 지나갔다. '금요일에 못다 한 일이 목숨과 바꿀 만큼 그렇게 중요한 일이었나?', '나는 지금 어떤 삶을 살고 있나?'

주말에는 출근이 아니라 가족과 시간을 보내는 것이 더 중요했다. 나를 충전시켜 주는 시간으로 주말을 사용해야 했다. 아찔한 순간을 통해 나는 인생에서 무엇이 더 중요한가를 생각하게 되었다. 한 번뿐인 인생인데 죽기 전에 진짜 하고 싶은 것을 하며 살아야겠다는 생각이 들었다.

그 즉시 나만의 버킷 리스트를 작성해 보았다. 일단 세계 일주다. 죽기 전에 오대양 육대주는 한번 가 봐야겠다는 생각이 들었다. 미대륙 횡단 여행, 시베리아횡단열차 타 보기, 크루즈로 알래스카 여행하기, 가족과 유럽 여행하기, 아이들과 대학 탐방하기, 자작곡으로 음악 앨범 내기, 책 쓰기, 마당이 있는 주택에서 살기, 아프리카 여행하기 등이다. 그런데 리스트를 작성해 놓고 보니 대부분 큰돈이 드는 것들이다. 그래도 하는 수 없다. 달리 버킷 리스트겠는가!

2022년 말 기준으로 몇 가지는 이미 이루었다. 그동안 내가 작사 작곡한 곡들로 CCM 앨범을 냈고, 가족과 유럽 및 미국 여행을 다녀왔으며, 한국과 미국 대학 탐방도 진행했다. 또 에버랜드 사파리가 아니라 진짜 아프리카 케냐에서 기린을 보았다. 케냐에는 동네 공원에서도 기린이 돌아다녔다. 책은 회사에 다닐 때 인사팀의 요청으로 사내용으로 한 권을 낸 적이 있고, 지금도 틈나는 대로 글을 쓰고 있다. 코로나19가 아니었으면 더 많은 것을 했을 텐데 그렇지 못해 아쉬운 점은 있다. 코로나19 발발 초기에 해외 크루즈 관광선에서 확진자가 많이 나와서 크루즈 여행은 거의 3년 동안 갈 수 없었다.

얼마 전 〈꿈을 찾는 아카데미〉 교육연구소와 협업했던 여행사 대표와 만난 적이 있다. 거의 7~8년을 알고 지내면서도 잘 몰랐는데 그는 약 한 달짜리 시베리아 횡단 자동차 여행을 수년 전부터 계획하고 있다는 사실을 알았다. 그에게 3년 내에 같이 떠나자고 제안했다.

꿈이 있으면 언젠가 반드시 기회가 온다. 포기하지 않고 기다리는 것이 중요하다. KBS에서 중년 남자들 세 명이 캠핑카로 개조한 마을버스를 타고 세계 일주를 하는 내용의 방송을 본 적이 있다. 세 명 중 회사원인 한 명이 세계 일주 중간에 합류하는 장면이 있다. 언젠가 진행할 시베리아 횡단 자동차 여행 비전캠프도 마찬가지다. 모든 일정이 참여가 안 되면 중간에 일부 구간만 합류하면 된다. 여행을 하면서 잊었던 꿈을 나누고 현실도 나누고 꿈도 실현하고, 일석삼조다.

혹시 버킷 리스트를 작성해 본 적이 있는가? 아직 작성해 본 적이 없다면 지금 바로 작성해 보자. 단기 리스트와 장기 리스트를 같이 작성해 보자. 가족들과 함께 만들면 더 좋다. 가족의 버킷 리스트 중에서 어떤 것이 내 인생길이 될지 아무도 모르지만, 그래도 가족 단위로 진행하면 실현 가능성이 매우 높다. 무엇보다 자기가 꼭 하고 싶은 일을 구체화하고 시각화하는 것만으로도 긍정적인 효과가 있다. 그러니 작성하겠다고 미루지 말자. 미루다 보면 결국 아무것도 남는 것은 없다.

버킷 리스트 예시

No	Bucket List	목표	확인
1	자작곡으로 앨범 내기	2012. 09. 02	V
2	아프리카에서 사파리 체험하기	2019. 11. 15	V
3	크루즈 타고 알래스카 여행하기	2025. 12. 31	
4	미대륙 기차로 횡단하기		
⋮			

명확한 나의 꿈을 찾아라

꿈이 인생에서 중요하다는 사실을 알아도 그 꿈을 찾지 못하면 소용이 없다. 〈꿈 멘토링〉 프로그램에서 학생들에게 꿈이 뭐냐고 물어보았을 때 뭔지 잘 모르겠다고 대답한 아이들은 자신의 꿈에 대해 생각해 보지 못했을 수도 있지만, 또 한편 그 꿈을 어떻게 찾아야 할지 몰라서 그런 대답을 했을 수도 있다.

꿈을 찾겠다고 마음먹는다고 하루아침에 정해지는 것은 아니다. 꿈은 마치 빙산과 같다. 10%는 물 위로 드러나 있지만 90%는 물 아래 잠겨 있다. 보이는 10%의 습관적인 행동이나 말을 통해 내 성격이 어떤지, 무엇을 좋아하는지, 무엇을 잘하는지 힌트를 얻어서 보이지 않는 90%를 예측하며 희미한 꿈을 명확하게 찾아간다. 지금부터 나를 발견하고 꿈을 찾는 방법 여섯 가지를 소개한다.

1) 자신을 관찰하기

관찰은 몰랐던 자신을 객관적으로 보여 주는 쉽지만 강력한 방법이다. 자신이 어떤 스타일인지는 본인이 가장 잘 알겠지만 평소에 하던 행동이나 말은 대개 습관적이기 때문에 의외로 잘 인지하지 못한다. '내가 아는 나' 외에 '내가 모르는 나'도 있다. 이때 주변 사람들의 도움을 받으면 된다.

부모는 자녀를 평소에도 많이 관찰하기 때문에 부모님의 관찰이 가장 정확하다. 부모님께 "저는 어떤 특별한 점이 있나요?" 하고 물어보자. 함께 살면서 보여준 행동과 말을 근거로 자신도 모르는 정보가 나올 것이다. 장점과 단점에 대해서 함께 이야기하는 시간을 갖는 것도 좋은 방법이다. 그다음은 형제, 자매, 친구들과 학교 선생님 등에게 물어보자.

친구들은 좀 더 편하게 나의 장단점에 대해 조언해 줄 수 있다. 진로 선택을 위해 4~5명의 친구끼리 서로의 장점, 단점 및 강점을 알려주는 특별 프로젝트를 진행해 보자. 장점은 강점으로 발전할 수 있고, 단점은 보완해서 강점화시킬 수 있다.

학교 선생님은 학생생활기록부에 학생들의 특별한 상황과 장단점 등을 기록하기 때문에 선생님과 면담을 통해 평소에 학교에서 보이는 내 모습은 어떤지, 학업적인 강점이나 태도상의 특징은 무엇인지, 또 보완해야 할 점은 무엇인지 등을 문의할 수 있다.

나의 장단점 및 강점을 기록으로 남겨 놓으면 꾸준히 자신의 변화와 발전을 살펴볼 수 있고, 꿈을 구체화하며 발견하는 데 도움이 된다. 그렇게 알게 된 사실을 바탕으로 '꿈 관찰일지'를 써 보자. 일정 기간 매일 쓰거나, 일주일에 한 번씩 분기별로 쓰거나, 혹은 매월 1회씩 작성해서 1년 동안 써 본다.

내용은 간단하다. 날짜를 적고 그날 혹은 특정 기간에 있었던 일 중에서 가장 행복했던 일은 무엇이고, 가장 마음이 갔던 것은 무엇이며, 그래서 앞으로 그 점을 어떻게 발전시키면 좋겠다는 내용을 적는다. 그리고 비고란에 이것이 내 삶에 어떤 가치가 있는지와 이것을 통해 내가 하고 싶은 연결된 직업이 있는지 등을 적어 보는 것이다. 정해진 기한이 지나면 그동안 적었던 내용을 다시 읽어보고 그 안에서 핵심 교집합을 뽑아낸다. 그 교집합이 자신의 꿈과 연결될 가능성이 매우 높다.

2) 스스로 칭찬하기

켄 블랜차드 Ken Blanchard는 자신의 저서 《칭찬은 고래도 춤추게 한다》에서 바다에서 가장 무시무시한 포식자인 무게 3톤의 범고래가 해양관에서 3미터 높이로 점프하고 여러 가지 묘기를 부리는 것은 칭찬받기 위해서라며, 이를 가능하게 하는 것은 조련사와 범고래 간의 신뢰라고 했다. 결과보다는 과정을 칭찬해야 동기부여가 된다는 의미이다.

우리나라는 문화적으로 칭찬에 인색한 편이다. 예전에는 어릴 때 부모님에게 칭찬받고 컸다는 친구들이 드물고, 학교에서도 선생님들이 학생들을 칭찬하는 경우가 별로 없었다. 오히려 성적이 떨어졌다고 혼내거나 기합을 주는 선생님들만 많았다. 그렇게 칭찬이 없다 보니 서로 간에 불신과 오해만 늘었다.

공부나 일에 있어서 과정은 열심히 했지만 결과 때문에 질책을 받게 되면 잘하던 일도 하기 싫어진다. 잘하던 공부도 역시 하기 싫어진다. 아무리 열심히 해도 결과가 나쁘면 혼난다는 생각에, 결과가 안 좋을 것 같은 예상이 들면 안 혼날 궁리만 하게 된다. 그러다 보면 자신을 위한 공부가 아니라 어느새 부모님을 위한 공부가 된다. 선생님에게 질책받지 않기 위한 일이 된다. '내가 무엇을 위해 이것을 하는 거지?' 하고 고민하게 된다. 꿈을 발견하기는커녕 있는 꿈도 사라진다.

그래서 칭찬이 중요하다. 타인이 해 주는 칭찬도 물론 중요하지만, 자기 스스로 칭찬하는 것도 중요하다. 자기를 칭찬할 때는 되도록 결과보다는 과정을 칭찬하자. 그렇게 스스로 칭찬하다 보면 어느새 그 일을 더 잘하고 싶어진다. 더 잘하려고 노력하면 당연히 결과가 좋아질 수밖에 없고, 그러면 이제 주변 사람이 칭찬하기 시작한다. 그러면 즐거워서 더 노력하게 되고, 이전보다 더 잘하게 된다.

3) 다양한 경험하기

우리나라는 부모가 자녀를 명문대에 보내기로 마음먹는 순간, 자녀의 스케줄은 학교와 수많은 학원 그리고 과외 수업으로 가득 찬다. 이런저런 다양한 경험을 할 시간이 없다. 공부하기에도 시간이 부족하다.

아이들에게 꿈이 뭐냐고 물을 때 제대로 답변을 못 하는 것은 눈으로 보고 몸으로 경험한 것이 거의 없기 때문이기도 하다. 본 적이 없는데 어떻게 생각을 하겠는가? 경험한 적이 없는데 어떻게 말할 수 있겠는가? 강아지를 만져 봐야 강아지 털이 부드러운지 알고 화분에 씨앗을 뿌려 이파리가 올라오는 것을 봐야 식물이 햇빛에 반응하는 것을 알 수 있다. 수영을 배운 적이 없는데 어떻게 물에서 뜰 수 있을까? 새로운 정보는 책과 인터넷을 통해 간접경험으로 얻을 수 있지만, 직접 해보지 않고서 알 수 없는 것들은 직접 해봐야 한다.

하워드 가드너 교수가 말한 것처럼 여덟 가지 지능 감각이 서로 융합되고 조화가 되며 재능이 나타난다. 공부도 적절히 하면서 운동도 하고 음악도 듣고 여행도 많이 한 아이의 재능이 훨씬 더 범위가 넓으면서 구체적일 수밖에 없다.

여행은 굳어진 생각의 범위를 크게 넓혀 준다. 지금까지 알고 있던 선입견과 편견을 떨쳐 버리고 세상의 이치를 자신만의 생각으로 새롭게 정리하는 좋은 도구이다. 여행을 통해 예상 밖의 상황을 극복해 나가면서 자신의 재능을 확인하게 되고, 그 재능을 통해 꿈을 발견하게 된다. 여행은 동기부여와 영감을 불어넣는다. 역사상 위대한 인물 중에는 여행을 통해 자신의 길을 찾은 사람들이 많다.

《젊은 베르테르의 슬픔》,《파우스트》등 위대한 작품을 남긴 독일 고전주의의 대표 작가인 괴테 Johann Wolfgang Von Goetthe 는 교육을 목적으로 수년간 그랜드 투어를 떠난 적이 있다. 특히 1786년부터 3년간의 이탈리아 여행이 그의 문학과 예술에 지대한 영향을 끼쳤다. 이탈리아에서 접한 눈부신 로마의 문화는 예술과 인간의 조화를 추구하는 괴테 특유의 고전주의적 예술관을 확립하게 했다. 이때가 그에게는 예술가로서의 자신을 재발견하는 시간이었다. 그는 "내가 여행하는 목적은 여러 대상을 접함으로써 자신을 알려는 것이다"라고 말했다. 괴테의 여행은 단순한 여행을 넘어서 자신을 발견하는 과정이었다.

당시 유럽인들에게 미지의 세계였던 동양을 24년간 여행하고《동방견문록》을 쓴 이탈리아 탐험가 마르코 폴로 Marco Polo 는 본래 베네치아 상인이었다. 1271년 보석상인 아버지와 숙부를 따라 동방으로 사업차 출장을 떠났다가 여행 자체가 더 큰 목적이 되어 버린 셈이다. 원래 계획했던 바닷길이 여의찮아 육로로 페르시아, 중국 간쑤성 甘肅省 지역을 지나 원나라 쿠빌라이 칸 Kublai Khan의 여름 궁전이 있는 내몽골 자치구에 도착해 17년간 원나라에 머물며 중국 곳곳을 여행한다. 귀국 후 그가 집필한 《동방견문록》은 비록 내용의 진정성에 대한 비판이 있기는 하지만 지역의 방위와 거리, 언어, 종교, 동물, 식물 등을 자세히 기록한 탐사보고서 성격이 강한 책으로 당시 시대상을 알 수 있는 귀중한 자료로 역사에 남았다.

인도 민족운동의 지도자이자 비폭력주의 사상으로 인류 평화에 이바지한 마하트마 간디 Mahatma Gandhi는 평범한 변호사였다. 변호사 모한다스 간디가 위대한 지도자로 바뀐 계기는 바로 여행이었다.

간디는 1898년 남아프리카를 여행하면서 인생에 커다란 전환기를 맞는다. 영국에서 법을 공부하고 변호사가 된 간디는 소송 사건을 의뢰받아 남아프리카로 간다. 그곳에는 인도에서 이주해 살고 있던 7만여 명의 인도인이 있었다. 간디는 그들이 백인들로부터 심한 차별을 받는 것을 보고 인종차별 반대 투쟁을 시작한다. 이때 비폭력주의 사상을 형성하여 20여 년간 인도의 지도자로 활동했고, 인도의 시성 詩聖 타고르 Tagore는 '위대한 영혼'이라는 뜻의 '마하트마'라는 이름을 간디에게 헌사했다. 간디에게 여행은 단순한 여행이 아니라 인생을 송두리째 바꾼 터닝 포인트 turning point였다.

4) 성격 유형 검사 도구 활용하기

우리에게 잘 알려진 MBTI Myers-Briggs Type Indicator 성격 유형 검사, 에니어그램 Enneagram 검사, TCI 검사 등을 통해 자신이 어떤 유형의 성격인지를 파악하면 꿈을 찾는 데 도움이 된다. 온라인에서 무료로 간단히 검사할 수 있는 MBTI 검사 외에도 다수의 성격 유형 검사가 있다.

MBTI 성격 유형 검사는 전 세계 유수의 기업들이 인사 업무에서 중요한 결정을 할 때 의사결정 수단으로 사용되기도 한다. 즉, 해외 주재원을 보낼 때 특정 성격 유형의 직원을 보낸다거나 하는 식이다. 성격 유형 검사 결과에 전적으로 의지할 필요는 없지만, 자신이 속한 유형 군을 알면 이 유형에 속한 사람들과 잘 맞는 직군이나 직업을 알 수 있어 진로를 결정할 때 많은 도움이 된다. 간략히 E는 외향, I는 내향, 감각은 S, 직관은 N, 사고는 T, 감정은 F, 판단은 J, 인식은 P인데 이 네 가지가 조합을 이루어 하나의 성격 유형을 만들어 낸다.

유명인 중 MBTI 성격 유형을 보면, 투자의 귀재로 불리는 워런 버핏과 아마존을 창업한 제프 베이조스는 완벽한 논리주의자인 ISTJ이고, 애플의 창업자 스티브 잡스와 마이크로소프트 창업자 빌 게이츠는 대담한 통솔자인 ENTJ이며, 테슬라의 CEO 일론 머스크와 메타 구 페이스북 CEO인 마크 저커버그는 용의주도한 전략가인 INTJ이다. 세 그룹 모두 TJ가 공통점이다.

MBTI 성격유형

ISTJ 소금형	ISFJ 권력형	INFJ 예언자형	INTJ 과학자형
한번 시작한 일은 끝까지 해내는 성격	성실하고 온화하며 협조를 잘하는 사람	사람에 관한 뛰어난 통찰력을 가진 사람	전체를 조합해 비전을 제시하는 사람
ISTP 백과사전형	ISFP 성인군자형	INFP 잔다르크형	INTP 아이디어형
논리적이고 뛰어난 상황 적응력	따뜻한 감성을 가진 겸손한 사람	이상적인 세상을 만들어가는 사람들	비평적인 관점을 가진 뛰어난 전략가
ESTP 활동가형	ESFP 사교형	ENFP 스파크형	ENTP 발명가형
친구, 운동, 음식 등 다양함을 선호	분위기를 고조시키는 우호적인 성격	열정적으로 새 관계를 만드는 사람	풍부한 상상력으로 새로운 것에 도전
ESTJ 사업가형	ESFJ 친선도모형	ENFJ 언변능숙형	ENTJ 지도자형
사무적, 실용적, 현실적인 스타일	친절, 현실감을 바탕으로 타인에게 봉사	타인의 성장을 도모하고 협동하는 사람	비전을 갖고 타인을 활력적으로 인도

출처: KBS

자신의 성격 유형에 TJ가 들어가면 사업 분야가 잘 맞을 수도 있다.

또 이론 물리학자인 아인슈타인과 버락 오바마 전 미국 대통령은 풍부한 상상력으로 새로운 도전을 하는 발명가형인 ENTP, 삼성그룹 고 이건희 회장은 이상적인 세상을 만들어 가는 잔다르크형으로 INFP이며, 열정으로 새로운 관계를 만들어가는 스파크형인 ENFP는 만화영화로 많은 사람에게 기쁨을 안겨준 월트 디즈니가 있다.

5) 독서하기

인생의 어려움을 직접 겪지 않아도 선배들이 먼저 걸어간 길을 책을 통해 경험할 수 있다. 책은 간접경험으로, 결정하기 어려운 상황에 맞닥뜨리기 전에, 인생의 선배들이 보여준 결정을 보면서 비슷한 상황에 처했을 때를 미리 준비할 수 있다. 세상에는 수많은 책이 있지만, 내 인생과 진로에 대한 고민에 가장 큰 도움을 준 책은 위인전이다.

위인들은 대부분 힘든 인생에 도전하거나 극복하며 놀라운 결과물들을 남긴 인물이기에 독자에게 큰 감동과 함께 도전 의식과 삶의 지혜를 전한다. 그들이 삶을 통해 얻은 지혜를 책을 통해 얻는 것이다. 위인전이 아니더라도 평소 관심사와 관련된 책을 읽다가 그 길을 자신의 인생길로 삼는 사람도 있고, 우연히 읽게 된 책 한 권으로 없던 신앙을 갖게 된 사람도 있다.

6) 미디어 활용하기

코로나19는 온라인의 활성화에 더욱 힘을 실어주었다. 대다수 사람은 뉴스를 TV가 아니라 유튜브로 본다. 온갖 자격증을 따는 방법, 대학교 수업 내용, 여행지 소개까지 유튜브에 없는 게 없다. 얼마나 자세하게 동영상으로 설명해 놓았는지 보면 바로 따라 할 수가 있어서 요리학원에 갈 필요도 없다. 유튜브를 보고 요리하고, 유튜브를 보고 공부한다.

코로나19로 해외여행을 갈 수 없게 되자 '랜선 투어'라는 여행 분야가 생겼다. 현장에 가지 않아도 온라인으로 해외 현지에 가서 여행하듯 즐기는 여행이다. 집에서 VR Virtual Reality 기기를 쓰고 유럽, 호주 여행을 한다. 요즘에는 카메라도 좋고 해상도가 뛰어나 마치 현장을 돌아다니는 느낌이다. 작은 관심만 있으면 유튜브나 여러 미디어를 통해 자신의 관심사를 깊이 연구해 볼 수 있고, 그것을 통해 꿈에 한 발짝 더 나아갈 수 있다.

위의 여섯 가지는 내 꿈을 찾는 데 아주 효과적인 방법이었다. 이 중에 내가 진로 코칭을 하면서 짧은 기간에 가장 크게 효과를 본 방법은 '관찰하기'였다. 자신이 알지 못했던 장점을 찾아 강점화시켜 꿈을 발견한 경우가 많았다. 여기에 독서나 칭찬 그리고 다양한 경험이 쌓이면서 자신의 꿈을 발견하고 찾아가는 데 큰 도움이 되었다.

꿈을 찾기까지는
시간이 필요하다

"지금부터 딱 일 년만 살 수 있다면, 당신은 무엇을 하겠습니까?"

이러한 질문을 받았다고 해보자. 나는 무엇을 할까?

누군가는 스피노자 Baruch de Spinoza처럼 내일 지구가 멸망해도 한 그루의 사과나무를 심겠다고 할 수도 있고, 먹는 것이 중요한 누군가는 비싸서 못 먹어본 음식이나 비싸서 못 해본 일들을 일 년 동안 실컷 즐기겠다고 할 수도 있으며, 크리스천이라면 자신의 가족을 전도하고 싶을 수도 있다. 누구든지 남겨진 삶의 시간이 짧다면 자신에게 가장 가치 있는 것을 하고자 한다. 그러니 조금이라도 빨리 꿈을 찾고 싶다면, 위의 질문에 답해 보자.

현실의 문제에 가려 잠시 미루고 있을 뿐, 가장 하고 싶은 일이 바로 나의 꿈이고 비전이다. 사랑하는 가족의 생활비 때문에 꿈에 도전하지 못하는 사람도 있고, 공부하느라 바빠서 혹은 일이 바빠서 도전하지 못할 수도 있으며, 아예 자신의 꿈이 무엇인지 몰라 도전하지 못할 수도 있다. 그래서 꿈과 비전은 일찍 찾을수록 좋다. 그래야 현실의 문제가 닥치기 전에 자신의 꿈이 직업이 되고 현실이 될 가능성이 높기 때문이다.

꿈은 하루아침에 정해지지도 않고 찾아지지도 않는다. 또 꿈은 환경의 변화와 경험이 늘어나면서 계속 바뀐다. 몰랐던 것을 알아가면서 지금까지 좋아한다고 여겼던 것보다 훨씬 더 좋아하게 되는 것들이 생겨나기 마련이고, 지식과 고민이 깊어지면서 아무 느낌이 없던 것이 어느 날 갑자기 마음 깊이 들어와 자리 잡기도 하기 때문이다. 이런 과정을 겪으며 자신의 꿈은 구체화되고 범위가 좁혀져 점점 더 명확해진다.

"꿈이 계속 변한다면, 처음에 찾은 꿈은 진짜 내 꿈이 아닌가요?"

이런 의문을 품을 수 있다. 하지만 답은 그럴 수도 있고 아닐 수도 있다. 처음 가졌던 꿈이 끝까지 가는 경우도 있고, 중간에 바뀌는 경우도 있기 때문이다. 그러나 처음 꾼 꿈이 귀하고 중요한 이유는 꿈을 꾸고 그 꿈을 이루려고 달려가는 방향이나 방법이 크게 다르지 않기 때문이다.

처음 꾼 꿈을 이루기 위해 달려가는 과정에서 새롭게 발견한 지식이나 경험을 통해 자신에게 더 잘 맞는 꿈을 발견했다면, 첫 꿈은 자신에게 더 잘 맞는 꿈으로 이끄는 다리 역할을 했을 뿐만 아니라 그 꿈과 직간접적으로 연결되어 있기에 결국은 내 꿈이다. 사람은 한 가지 재능만 갖고 태어나는 게 아니다. 여러 재능이 서로 융합 작용을 통해 진짜 내 꿈을 이루어가는 데 복합적인 역할을 한다. 다시 한번 질문해 보자.

'평생 딱 한 가지 일만 할 수 있다면 어떤 직업을 선택할까?'

당장은 구체적인 직업이 떠오르지 않더라도 어느 범주를 생각할 수 있다.

그다음에는 그 범주 내에서 나를 다시 돌아보고 '이 일을 하면 나는 행복할까?' 하고 다시 질문해 보자.

내 삶에 남아 있는 시간이 많지 않을 때 고르는 선택지 중에는 의무감으로 선택하는 것도 있다. 이때 필요한 질문이 '이 일을 하면 나는 행복할까?'다. 내가 꾸는 꿈은 나를 행복하게 한다. 그렇기 때문에 월급이 적어도, 잠을 조금 못 자도, 몸이 조금 고돼도 그 일을 한다. 남들이 이상하게 봐도 그 일을 하는 것이다.

미국 속담에 이런 표현이 있다. 'Dream as if you'll live forever, Live as if you only have today(영원히 살 것처럼 꿈꾸고, 오늘 하루밖에 없는 것처럼 삶을 살아라).' 마치 오늘 하루만 살 것처럼 지금 내 꿈을 살아보자. 하루가 행복하면 한 달이 행복하고, 한 달이 행복하면 일 년이 행복하며, 일 년이 행복하면 평생이 행복하다. 분명한 것은 꿈이 나를 행복하게 만든다는 것이다.

예전에 한 친구가 나에게 "기도에 100% 응답받는 법을 알려 줄까?"라고 물은 적이 있다. 눈이 동그래진 내가 뭐냐고 물었더니 "응답받을 때까지 기도하면 돼"라고 말했다. 어이가 없었지만 맞는 말이라고 생각했다. 내 꿈을 100% 찾는 방법도 마찬가지다. 기본적으로 가장 가치 있고 가장 하고 싶은 테마를 고르면 되겠지만, 만일 어떤 것이 내 꿈인지 잘 모르겠거든 찾을 때까지 찾으면 된다. 중요한 점은 포기하지 않는 것이다.

자신의 진짜 꿈을 찾는 가장 빠른 방법인 여러 질문에 답변했다면, 하루날을 잡아서 온종일 그 꿈에만 집중해 보자. 그러면 자기 내면에 있는 좀 더 깊이 있는 답을 얻을 수 있다.

꿈의 나비 효과를 노려라

'혼돈 이론 Chaos Theory'에서 초깃값의 미세한 차이에 의해 결과가 완전히 달라지는 현상을 '나비 효과 Butterfly Effect'라고 한다. 나비 효과는 1961년 미국의 기상학자가 기상 변화를 분석하는 컴퓨터 시뮬레이션에서 소수점 넷째 자리 이하의 아주 작은 숫자들을 생략한 숫자를 넣었더니 결과가 크게 달라졌던 사실에서 기인한다. 너무 작아서 무시할 만한 것도, 알고 보면 완전히 다른 결과를 낼 정도의 영향을 줄 수 있다는 뜻이다.

어린아이들은 환경이나 조건에 상관없이 자신이 진짜 원하는 꿈을 서슴없이 말하지만, 커가면서 현실의 환경과 조건을 의식한 현실에 가까운 꿈을 갖는 경향이 있다. 그러다가 그나마 이루기 어려워지면 그 꿈을 잊거나 쉽게 포기해 버린다. 그래서는 안 된다.

말 한마디도 꿈을 이루는 데 영향을 미친다는 믿음을 갖고 되도록 긍정적으로 하고 부정적인 말은 하지 않아야 한다. 부정적인 말은 꿈을 이룰 수 있는 근본적인 믿음까지 흔들기 때문이다. 무엇보다 자신이 무심코 내뱉은 말대로 이루어지기 쉽다.

"난 역시 안 돼. 공부에 집중도 안 되고, 자꾸 딴짓만 하게 되는데 내가 원하는 대학에 갈 수 있겠어?"

비록 속상해서 내뱉은 말이라도 이런 식의 부정적인 말은 자신에게 하나도 도움이 안 된다. 가끔 집중이 안 될 때라도 이런 식으로 말하고 나면 자신감도 떨어지고 그나마 하던 공부도 하기 싫어진다. 반대로 "지금은 공부가 조금 안 되지만, 곧 몰두할 수 있을 거야. 난 내가 원하는 꿈을 위해 끝까지 공부할 거니까!"라고 스스로 응원의 말을 하면 정말로 자신감이 생기고 원하는 꿈을 이루기 위해 준비하게 된다.

김인경의《지치고 힘들 때 읽는 책》에는 이런 이야기가 나온다.

노랑나비와 흰나비가 나란히 있었다. 그런데 참 이상한 것은 노랑나비에게는 참 좋은 일만 일어나고 흰나비에게는 늘 나쁜 일만 일어났다. 그래서 그런지 노랑나비는 늘 기뻐했고 흰나비는 늘 우울했다. 하루는 호랑나비가 훌륭한 봉사 정신을 가졌다고 인정받아 나비들을 대표해서 표창장과 상금을 받았다. 노랑나비는 그런 훌륭한 나비가 자기 친구라는 것이 자랑스러웠다. 흰나비는 자기보다 못한 것 같은 호랑나비가 상을 받은 것이 왠지 마땅치 않았다.

며칠간 비가 계속 와서 모두 집에만 갇혀 지내던 나비들이 햇빛이 나기 시작하자 밖으로 몰려나왔다. 오랜만에 만난 그들은 서로 그간의 안부를 묻고 인사를 나누며 두런두런 이야기했다. 흰나비도 말했다. "습기가 너무 차서 벽이 다 썩고 퀴퀴해서 못 살겠어. 웬 비가 그리 많이도 내린담." 노랑나비의 목소리도 들려왔다. "이번 비에 설거지도 하고 우리가 좋아하는 꽃들 좀 봐. 키가 껑충 날씬하게 커졌잖아."

긍정적인 말이든 부정적인 말이든 자신의 귀가 듣는다. 좋은 말을 들으면 희망을 갖고 좋은 생각을 하게 되지만, 안 좋은 말을 들으면 부정적인 마음으로 안 좋은 결과를 상상하게 된다. 말에는 힘이 있다. 성공한 사람들의 공통점은 긍정적인 마음으로 늘 긍정적인 말을 한다는 것이다. 이들은 남들이 안 된다고 할 때 된다고 믿고 실행한다. 안 된다고 믿는 순간 안 된다는 말이 나오고, 안 된다는 말이 나오는 순간, 정말 안 된다고 생각하게 되는 악순환의 고리가 형성된다.

현대그룹의 고故 정주영 회장의 가장 유명한 어록은 "임자, 해봤어?"다. 정 회장의 경영 철학은 '안 되는 것은 없다'로, 새로운 사업을 할 때마다 임원들이 현실적인 이유를 들어 항상 "선례가 없다고 합니다", "불가능하다고 합니다", "선진국도 못했다고 합니다"라고 했었고, 그때마다 정회장은 "임자, 해봤어?"라고 답하며 불가능에 도전했다.

1984년 충남 서산 간척지는 5톤짜리 바위가 휩쓸릴 정도로 물살이 너무 강해, 6㎞ 방조제 공사 구간 중 마지막 270m를 메꾸지 못했다. 임원들이 아무래도 포기해야겠다고 말했을 때 정 회장이 던진 말이 바로 "임자, 해봤어?"다. 그러면서 그 구간에 유조선을 가라앉혀 유속을 줄여보자고 제안했다. 결국 현대는 그해 2월 24일 길이 322m의 폐유조선으로 방조제를 막는 데 성공한다. 이로 인해 본래 공사 기간을 1년 반이나 줄였고, 공사비도 300억 원 가까이 절약했다. 이 소식은 뉴스위크와 뉴욕타임스에 실렸고, 세계는 이를 '정주영 공법'이라 불렀다.

작은 긍정적인 생각은 커다란 성공을 지속적으로 가져온다. 꿈도 이와 같다. 꿈을 꾸면서 '이건 너무 현실적이지 않아', '이게 과연 가능할까?', '아무래도 힘들 거야'라고 생각하면 아무런 행동도 하지 않게 된다. 하지만 '나는 꼭 내 꿈을 이룰 거야', '할 수 있어'라고 생각하면 작은 행동이라도 하게 되고, 그 작은 행동이 생각지도 않은 나비 효과를 일으켜 그 꿈을 이룰 기회를 가져온다. 그리고 그 기회는 더 큰 성공으로 이어진다.

지금처럼 SNS가 발달한 시대는 표현하기만 하면 다른 사람들과 쉽게 연결되고 기회를 만들기는 그 어느 때보다 좋다. 심지어 오래전에 헤어진 사람을 찾는다는 글 하나가 SNS를 통해 전 세계로 연결되어 며칠 만에 다른 나라에 살고 있는 그 사람을 찾은 사례가 비일비재하다.

나는 이것을 '꿈의 나비 효과'라고 부른다. 큰 꿈도 작게 시작하면 된다. 등산으로 몸을 만들겠다고 마음먹었다면 집 앞의 동네 산부터 산행하면 된다. 처음부터 한라산, 백두산에서 시작할 필요도 없고 그래서도 안 된다. 오히려 몸에 탈이 난다. 일주일 내내 근육통에 시달리다가 아예 포기하게 된다. 꿈의 나비 효과를 적용해서 작은 것부터 한 발을 내디뎌 보자. 처음에는 초보자여도 누적으로 1만 시간이 쌓이면 누구도 범접할 수 없는 전문가가 될 수 있다.

고등학교 동창인 내 친구는 현재 서울의 한 고등학교 영어 선생님이다. 25년 가까이 선생님을 하면서도 자신의 꿈이자 행복인 음악을 놓지 못해서 퇴근하면 학교 음악실에서 작곡하고 노래하고 기타를 연주한다. 처음에는 어디 내세우기에는 많이 부족한 실력이었지만, 20년을 넘게 연습하다 보니 이제는 웬만한 기타리스트를 능가한다. 얼마 전에는 혼자서 전자기타와 드럼, 피아노를 치며 노래까지 부른 1인 밴드 음악을 SNS에 올렸다. 고등학교 영어 선생님인지 음악 선생님인지 모를 지경이다.

그런데 이 친구의 영향력이 제자들에게도 흘러간다. 지치지 않고 꿈에 도전하는 모습이 너무 좋았는지 제자들이 너도나도 자신의 잠자고 있던 재능을 뽐내느라 열심이라고 한다. 어떤 제자는 연극으로, 어떤 제자는 음악으로, 어떤 제자는 제3외국어로 자신의 재능을 키워간다. 꿈과 비전도 넘치면 주변으로 흘러 옆 사람에게 전염된다. 꿈의 나비 효과는 그 시작은 작지만, 효과는 아주 강력하다.

꿈 지도를 만들어 보자

1979년 하버드 경영대학원에서 졸업생을 대상으로 '자신의 미래 목표를 세운 뒤 구체적으로 기록하고 그 목표를 이루기 위해 세부적인 계획을 세웠는가?'라는 질문을 던졌다. '그렇다'라고 대답한 학생은 3%였다. 전체 응답자 중 13%는 목표는 있지만 종이에 적지는 않았다고 답했고, 나머지 84%는 구체적인 목표가 없다고 답했다.

하버드 경영대학원은 10년 뒤인 1989년에, 답변했던 졸업생들을 다시 인터뷰했는데 흥미로운 결과가 나왔다. 목표를 세우고 종이에 기록했다고 답했던 3%는 나머지 97%에 비해 수입이 10배 이상 높았다. 목표는 있으나 종이에 구체적으로 기록하지 않았다고 답했던 13%는 목표가 없다고 답했던 84%보다 수입이 2배 많았다. 목표를 종이에 적어 구체적으로 시각화한 사람은 그 목표를 달성할 확률이 훨씬 높다는 뜻이다. 그들은 날마다 종이에 적힌 자신의 목표를 읽으며, 그 목표를 달성하려고 행동했다.

연말 혹은 연초가 되면 우리 가족은 항상 '꿈 지도'를 만든다. 새해 및 5년

이내에 이루고 싶은 꿈을 도화지에 지도처럼 만들고 실천하는 프로젝트다. 완성이 되면 자신의 방에서 가장 잘 보이는 곳에 붙이고 날마다 읽으면서 마음으로 다짐하고 입으로 선포한다. 우리는 '꿈 지도 프로젝트'를 영어로 'Map of Vision Project'라고 이름 짓고 앞 글자만 따서 'MVP'라고 부른다.

많은 사람이 꿈을 꾸지만 현실로 바뀌지 않는 가장 큰 이유는 머리로는 생각을 하지만, 행동은 하지 않기 때문이다. 꿈의 나비 효과처럼 아주 작은 행동 하나가 한 발을 떼게 하고 커다란 열매를 얻게 하는데, 그 첫걸음이 바로 '꿈 지도 만들기'라고 생각한다.

꿈 지도를 만드는 것은 어렵지 않다. 주어진 형식은 없으며, 그저 내 꿈을 도화지에 글씨로 쓰거나 그림을 그리거나 아니면 관련 이미지를 오려 붙이되 눈에 잘 들어오게 만들면 된다.

2020년 마지막 날, 2021년 꿈 지도를 만들 때는 2020년 달력의 뒷면을 활용했다. 내용은 각각 두 장으로, 한 장은 2021년도에 이루고 싶은 꿈 지도를 만들고, 다른 한 장은 5년 뒤인 2026년 이내에 이루고 싶은 꿈을 작성했다. 꿈 지도를 만든 후에는 한 사람씩 자신의 꿈을 발표했다.

꿈 지도는 만들기도 중요하지만 내 꿈이 실현됐다고 입으로 선포하는 것이 더 중요하다. 정리된 나의 꿈을 지속해 읽고 선포함으로써 내 마음에 깊이 새기며, 그 꿈을 이루기 위한 행동을 유발시킨다. 어느 날 돌아보면 나도 모르는 사이에 적지 않은 열매들이 열린 것을 보게 된다. 날마다 "내 꿈은 이루어졌다!"라고 선포하고 연말에 꿈이 어느 정도 이루어졌는지 확인해 보자.

우리 가족의 경우, 큰딸은 운전면허증을 따겠다는 꿈과 모든 과목 A를 받겠다는 꿈이 이루어졌고, 둘째는 전교 부회장이 되겠다는 꿈을 이루었으며, 막내딸은 가족여행을 하고 싶다는 꿈과 경기도 주니어 피아노대회에 나가 대상을 받겠다는 꿈을 정확히 이루었다.

'꿈 찾아 비전캠프'에 참가하며 당시 외교관이 되어 UN 같은 국제 조직에서 일하겠다는 꿈 지도를 그렸던 당시 초등학교 6학년 학생은 2023년 외고에 합격했고, 미래의 외교관을 향해 달려가고 있다. 코딩 개발자가 되겠다고 꿈 지도를 그렸던 중학생은 코딩을 전문적으로 배우는 마이스터 고등학교에 진학했다. 글로벌 역사 선생님을 꿈꾸며 꿈 지도를 그린 학생은 미국 역사를 주제로 한 글쓰기 대회에서 미국 학생들을 제치고 1등으로 뽑혀 500만 원의 상금과 함께 특별 장학생이 되었다.

지금 당장 꿈 지도를 만들어 보자. 연말이나 연초에 하는 일 년짜리 꿈 지도도 좋지만, 한 달이나 반 년짜리 꿈 지도를 만들어도 된다. 일단 단기간 꿈 지도를 먼저 해보고 그 이후 일 년짜리에 도전해 보자. 일 년짜리 꿈 지도가 성공하면 인생 꿈 지도에도 성공하게 될 것이다.

꿈을 실현하는
감사 일기를 쓰자

꿈을 실현하는 과정 중 효과가 좋은 방법 중 하나가 바로 감사 일기를 쓰는 것이다. 나는 감사연구소 소장이자 K대학교 겸임교수인 지인의 권유를 받고 5년 전부터 매일 감사 일기를 쓰고 있다. 감사 일기를 쓰면서 하루를 돌아보며 반성할 뿐만 아니라 나에 대해 더 깊이 있는 생각을 하게 된다. 그날의 감사 제목을 정리하다 보면, 너무나 당연하여 인식하지 못했던 부분도 감사의 제목이 될 수 있다는 사실을 깨닫는다.

나에게 일어난 일과를 정리하는 가운데 감사 제목을 찾다 보니 자연스럽게 그날 내 행동에서 보여준 장단점을 생각하게 된다. 그러면 나의 재능과 고쳐야 할 점까지도 부가적으로 정리가 된다. 자기 적성을 좀 더 잘 파악하게 되고, 그 적성에 맞는 것을 하기 위해 내 꿈을 진지하게 바라보며 그 꿈을 이루기 위한 방법을 찾게 된다.

하루의 감사는 한 달의 감사로 이어진다. 한 달 동안 감사 일기를 쓰고 마지막 날이 되면 한 페이지를 따로 할애해서 그달의 감사 제목을 정리한다.

물론 한 해가 끝나는 12월 31일에는 1년 치 감사 제목을 다시 적는다. 처음에는 감사 제목을 반 페이지 정도 썼는데, 이제는 한 페이지로도 부족하다.

감사는 사람을 변화시킨다. 하루에 100가지 감사를 매일 몇 개월을 썼더니 만날 때마다 다투던 가족 간의 관계도 회복되고 회사에서 관계가 틀어졌던 상사와도 관계가 다시 좋아졌으며, 상사의 추천으로 새로운 강의 기회가 많이 열리더라는 감사 관련 책을 읽은 적이 있다. 한 달 동안 100가지 감사를 적는 것도 아니고 매일 같이 100가지 감사를 하려면 정말 온갖 것을 다 감사해야 가능하다. 오늘 아침에 눈 떠서 감사, 숨 쉴 수 있어서 감사, 손으로 밥 먹을 수 있어서 감사 등 실제로 100가지 감사를 쓰려면 결코 쉽지 않다.

성경에 '범사에 감사하라'라는 말이 있다. 영어 표현으로 보면 'Give thanks in all circumstances'다. 범사라는 말은 '모든 환경'이라는 말이니 모든 환경과 조건에 감사하라는 뜻이다. 모든 환경에는 기쁜 일만 있는 것이 아니다. 슬픈 일이나 화가 나는 일도 범사에 포함된다. 걸어가다가 돌부리에 걸려서 넘어졌는데도 감사하고 친구가 나를 험담해도 감사하라는 뜻이다. 그게 가능할까? 머리로 받아들여지지 않으면 일단 시험 삼아 억지로라도 한번 해보면 어떨까? 그렇게 3개월 정도 해보고 나서 그 전과 달라진 나의 모습을 비교해 보면 어떨까?

감사 일기는 신기하게 안 보이던 것을 보게 하는 능력이 있다. 사실 내가 감사 일기를 쓰기 시작했을 때는 회사에서 상사와 관계가 좋지 않아 스트레스가 많던 시기다. 나도 모르게 입에 불평불만이 달려 있었다. 회사 동료와 이야기하다 보면 상사를 험담하다가 화가 올라오곤 했다. 그러면 상사도 동료도 심지어 나 자신도 잘 안 보였다.

분노는 판단력을 흐리게 하며 감정만 앞서게 만든다. 그러다가 감사 일기를 쓰면서 나를 바로 보게 되었고 동료의 장점을 인식하게 되었다. 내가 그렇게 좋아하지 않았던 상사의 장점도 바로 보게 되었다. 나중에 나는 상사를 찾아가 죄송하다고 용서를 구했다. 나의 감정을 알고 있던 상사는 내 사과에 놀라는 눈치였지만, 결국 서로의 감정을 원만하게 풀었다. 이제는 퇴사하고 다른 회사로 이직한 그 상사와는 지금도 서로 연락을 한다.

모든 상황 속에서 계속된 나의 감사는 생각지도 않게 우리 아이들의 장단점을 보게 했다. 이는 〈꿈을 찾는 아카데미〉 설립의 바탕이 되었다.

친구 때문이든 동생 때문이든 혹시 지금 불만과 불평이 내 입에 붙어 있다면, 오늘 바로 감사 일기를 써 보자. 한 가지도 좋고 두세 가지도 좋다. 열 가지 이상 감사할 수 있다면 금상첨화다.

"저는 불만도 없고 불평도 하지 않는데요?"

그렇다면 그보다 더 감사한 것을 찾아보자. 인생이 훨씬 더 풍성해진다. 친구의 장점이 보이기 시작한다. 동생의 장점이 보이기 시작한다. 부모님께도 감사하게 된다. 감사로 인생을 도전하게 된다. 안 된다는 부정적인 생각이 사라지게 된다. 무엇을 해도 감사하게 된다. 감사 일기의 놀라운 능력을 한 번 맛보면 끊을 수 없다.

감사는 내 꿈을 긍정적으로 보게 하는 힘이 있다. 내가 꿈을 긍정적으로 보는 순간부터 꿈은 움직인다. 그것은 반드시 내 꿈이 이루어진다는 신호다. 가장 좋은 것은 온 가족이 함께 감사 일기를 쓰는 것이다.

직업 선택 십계명

경상남도 거창에는 거창고등학교가 있다. 이 학교는 학생들 실력이 좋아서 SKY 대학에 많이 보내기로 유명하다. 예전에 가까운 지인의 딸이 이곳을 졸업하고 서울대로 진학하면서 나도 이 학교를 처음 알게 되었다. 거창고는 상식을 깨는 '직업 선택 십계'로 아주 유명하다. 남들이 일반적으로 원하는 것과 완전히 상반된 내용으로 가득 차 있다. 그러나 그 내용을 자세히 보면 정말 인간으로서 삶을 가치 있고 보람 있게 살아갈 수 있는 계명들이다. 다음은 거창고등학교의 '직업 선택 십계'의 내용이다.

제1계명 월급이 적은 쪽을 택하라.
제2계명 내가 원하는 곳이 아니라 나를 필요로 하는 곳을 택하라.
제3계명 승진의 기회가 거의 없는 곳을 택하라.
제4계명 모든 곳이 갖춰진 곳을 피하고 처음부터 시작해야 하는 황무지를 택하라.
제5계명 앞다투어 모여드는 곳은 절대로 가지 마라. 아무도 가지 않는 곳으로 가라.

제6계명 장래성이 전혀 없다고 생각되는 곳으로 가라.

제7계명 사회적 존경 같은 건 바라볼 수 없는 곳으로 가라.

제8계명 한가운데가 아니라 가장자리로 가라.

제9계명 부모나 아내나 약혼자가 결사반대하는 곳이면 틀림없다.
　　　　　의심치 말고 가라.

제10계명 왕관이 아니라 단두대가 기다리고 있는 곳으로 가라.

내용을 보면 어떤 부모도 말릴 계명들이다. 누구든지 연봉이 많은 곳을 고르고, 누구든지 승진해서 사회적인 존경을 받는 곳을 고르며, 모든 것이 갖춰진 대기업을 고르는 것이 인지상정인데 거창고는 그 반대다. 잘 들여다보면 이는 직업을 단순히 돈을 버는 수단으로만 본 것이 아니라 소명으로 보았기 때문에 가능한 계명이다.

소명은 영어로 'Vocation'이다. '부르다'라는 뜻을 지닌 라틴어 '보카레_{Vocare}'에서 왔다. 'Vocation'은 직업이란 의미도 있다. 국어사전을 찾아보면 소명의 뜻이 '임금이 신하를 부르는 명령'이라고 나와 있다. 소명은 한자로 '召命'이라고 쓴다. 부를 소_召에 목숨 명_命, 그러므로 소명이란 목숨을 걸고 임금의 부르심에 응하는 것이다. 기독교적 관점에서 보면 모든 직업에는 목숨을 걸고 응해야 하는 하나님의 부르심이 담겨 있다. 엄밀히 따지면 직업이 하늘의 부르심 즉, 천직이어야 한다는 뜻이다. 바로 내가 태어날 때부터 받은 타고난 적성과 재능에 맞는 일을 하면 해결된다.

진로를 찾는 것도 마찬가지다. 타고난 적성과 재능에 따라 인생을 살면 자신이 태어난 목적대로 살아가게 된다. 30대가 지나서도 내가 왜 사는지를 모른 채 그냥 세월이 흘러가는 대로 살아간다면 나머지 인생도 안타깝지만 사는 목적을 알 가능성이 그다지 높지 않다.

세상은 자신을 세상에 잘 맞추며 살아가는 사람을 현명하다고 말하고, 자신에게 세상을 맞추려고 하는 사람을 어리석다고 말한다. 하지만 세상은 모두가 어리석다고 말하는 바로 그 사람들의 우직스러움에 의해 변화된다.

공자는 남의 시선을 신경 쓰지 않고 비교하지 않으며 내면의 내공을 갈고 닦는 사람이 군자라고 했다. 반면에 소인은 남을 신경 쓰고 산다. 남과 비교하며 산다. 남보다 내가 더 빨리 승진해야 행복하다고 느끼는 사람이다.

내 꿈을 꾸고 그 꿈을 찾아 우직하게 걸어가는 사람은 그래서 군자와 같다. 삶은 선택이다. 거창고등학교 '직업 선택 십계'의 내용을 선택할 수도 있고, 세상이 다 원하는 길을 선택할 수도 있다. 세상이 원하는 길을 간다고 하여 죄를 짓는 것도 아니고 거창고등학교 '직업 선택 십계'의 내용대로 선택한다고 다 군자가 되는 것도 아닐 것이다.

중요한 것은 내 마음이 따르는 길, 내가 행복해하는 길을 찾아가는 것이다. 그것이 꿈이고, 비전이며, 소명이고, 천직이다.

꿈찾아 십계명

꿈을 찾는 데 기초가 되는 '꿈찾아 십계명'이 있다. 이 십계명은 꿈을 찾는 데 도움이 되고 자존감을 높여준다.

제1계명 신이 주신 특별한 나만의 꿈과 비전이 있다

모든 사람은 태어난 목적이 있다. 어떤 사람은 문학가로, 어떤 사람은 운동선수로, 또 어떤 사람은 의사로 자신만의 삶을 산다. 그게 내 삶의 목적이고 그 목적대로 삶을 살아가는 것이 꿈과 비전을 이루는 삶이다. 자신을 잘 살펴보면 그것을 알 수 있다. 내 마음이 가는 어떤 부분이 반드시 있다.

제2계명 꿈을 다른 사람과 비교하지 않는다

전 세계 80억 인구는 같은 사람이 단 한 사람도 없다. 심지어 쌍둥이도 저마다 다르다. 한 사람 한 사람이 모두 특별하고 독특하다. 그러니 비교할 대상도 없고 비교할 수도 없으며 비교할 필요도 없다. 사람을 살리는 의사가 꼭 되고 싶다는 꿈이 있다면 모르겠지만, 친구가 의사가 된다고 나도 따라 의사가 되어야 하는 것은 아니다. 나는 나만의 꿈을 따라 내 길을 가면 된다.

제3계명 특별한 재능이 있음을 잊지 않는다

모든 사람은 그 사람만의 특별한 재능이 있다. 나는 그림을 못 그리지만 내 친구는 그림을 탁월하게 잘 그릴 수 있다. 내 친구는 사람의 마음을 읽는 능력이 떨어지지만, 나는 사람의 마음을 읽고 위로해 주는 데 탁월할 수도 있다. 모든 사람은 자신만의 특별한 재능이 있다. 그 점을 잊지 말아야 한다. 잊는 순간 타인과 비교하게 되고 절망에 빠지게 된다. 모든 것을 다 잘하는 사람은 이 세상에 없다. 나도 모르게 나를 남과 비교하고 있다면 나만의 특별한 재능을 상기하자.

제4계명 다양한 경험을 통해 세계관을 넓히고 나를 알아간다

2021년 11월 발표된 설문조사에 의하면 자신이 태어난 나라 밖으로 한 번도 나가지 않는 미국인이 14%라고 하고, 심지어 자신이 살고 있는 주State, 州 밖으로 한 번도 나가지 않은 사람도 16%나 된다고 한다. 안정된 환경은 편하기는 하지만 사고체계를 고정시켜 고정관념을 만들고 새로운 것을 받아들이는 것을 거부하게 만든다. 우리나라는 면적도 작고 지하자원도 많지 않아 인재가 자원인 나라다. 대한민국을 넘어 세계를 변화시키고 이끄는 지도자가 많이 나와야 글로벌 환경에서 살아남을 수 있는 조건이다. 그러기 위해서 할 수 있는 한 다양한 직간접 경험을 통해 세계관을 넓혀야 한다. 그것이 잠재력을 끄집어내고 잠자던 나를 알게 하는 지름길이다.

제5계명 선택을 해야 할 때는 내면의 소리를 듣는다

꿈을 찾아갈 때 항상 선택해야 하는 상황과 맞닥뜨린다. 하나는 현실에 무게를 둔 상황이고 다른 하나는 마음이 이끌리는 상황이다. 현실에 무게를 두는 관점으로 보면 꿈은 멀리 사라지고, 마음이 원하는 관점에서 보면 현실이 녹록하지 않다. 바로 그때 내면의 소리를 들어야 한다. 내 마음이 나에게 하는 말에 귀를 기울여 본다. 그러면 들리는 말이 있다. 이성이 아니라 마음이 끌어당기는 말이 있다. 깊은 내면의 소리를 선택하면 꿈을 이룰 때가 가까워진다.

제6계명 좋아하는 것을 발견하면 몰입한다

자신이 좋아하는 것을 발견했을 때의 희열을 직접 느껴보지 않은 사람은 잘 모른다. 심장이 고동치고 동공이 넓어지며 흥분의 숨소리가 들린다. 하지만 현실의 상황에 닥치면, 알면서도 잘 집중하지 못하게 된다. 물리적인 시간을 내기가 어려울 수도 있고, 일상에 매여 있을 수도 있다. 그때가 바로 앞만 보고 달려가는 나를 잠시 쉬게 해 줄 때다. 몰입할 수 있도록 환경을 만들어 주자.

제7계명 남들이 가지 않은 길에 도전한다

남들이 이미 간 길은 비교적 안전하다. 하지만 다른 사람들이 가면서 이미 열매를 따 먹었기 때문에 나에게 남겨진 열매는 아주 적다. 에디슨은 수많은 실패를 했기 때문에 발명왕이라는 칭호를 얻었다. 실패를 해봐야 성공도 맛볼 수 있다. 남들이 가지 않은 길은 창조하는 길로, 꿈을 개척하는 길이다. 실패를 맛볼 수 있기 때문에 힘은 들겠지만 온전한 열매를 맛볼 수 있는 길이다. 세상을 바꾸는 꿈은 남들이 가지 않은 길에 도전하는 자의 몫이다.

제8계명 새로운 것에 도전하고 평생 배운다

세상은 빠르게 바뀌고 있고 현재의 지식은 유효 기간이 있다. 새로운 것이 나올 때마다 늘 도전하고 배워야 한다. 우리가 살게 될 미래는 평생학습이 필수다. 100세를 사는 시대에 한 가지 직업으로는 살 수 없다. 그러려면 여러 가지 기능을 사용할 줄 알아야 한다. '이만하면 됐지 뭐' 하는 자세로는 진정한 꿈을 이루기 어렵다. 꿈에 나이는 없다.

제9계명 10년 뒤 나의 모습으로 오늘을 살아본다

10년 뒤 판사가 되고 싶다면 오늘부터 판사처럼 살아보자. 판사처럼 생각하고 판사처럼 행동하자. 내 뇌는 내가 판사로서 필요한 준비를 하기에 합당한 조건 속으로 나를 이끌고 갈 것이고, 남들이 50년 동안 준비할 것을 10년으로 단축시킬 것이다.

제10계명 1년밖에 살 수 없다면 무엇을 할지 생각한다

인생은 딱 한 번이다. 70년을 살아보고 돌아보니 아쉽다고 50년 전으로 돌아갈 수는 없다. 하루 전도 불가능하다. 후회하는 삶을 살면 후회만 남는다. 딱 1년밖에 살 수 없을 때 무엇을 할 것인지를 곰곰이 생각해 보면 내가 진짜 하고 싶은 것이 정리가 된다. 그것이 내 꿈이고 살고 싶은 내 삶이다.

"꿈을 밀고 나가는 힘은 이성이 아니라
희망이며, 두뇌가 아니라 심장이다."

― 도스토옙스키 Dostoevsky ―

Chapter 6

- 학부모에게 함께 전하고 싶은 말 -

꿈을 위한
끝없는 도전

부모의 꿈 도전은
강력한 동기 부여가 된다

혹시 꿈을 이루려고 도전하는 부모님의 모습을 본 적이 있는가? 만일 있다면 행운이다. 어떻게 도전하고 성공했는지 부모님께 여쭤보자. 과거의 꿈에 다시 도전하는 부모님을 보면 자연스레 내 꿈에 대해서도 생각하고, 도전하고 싶은 마음이 생긴다. 내면 깊숙한 곳에서부터 동기부여가 된 것이다. 또 부모님의 성공 사례를 들으면 나에게 적용할 수 있고 성공 확률을 높일 수 있다.

유튜브를 보면 적지 않은 나이에 유튜버로 사는 사람이 있다. 캠핑카로 국내를 여행하는 사람도 있고, 평생 한으로 남았던 외국어에 도전하는 사람도 있다. 보통은 "이 나이에 내가 무슨 외국어 공부를 하나요?"라고 하겠지만, 이런 사람들에게 나이는 숫자에 불과하다.

지금은 돌아가셨지만 내가 대학원에 다닐 때 국제정치학을 가르치셨던 교수님은 60대에 러시아어를 새롭게 배우기 시작하셨다. 교수님은 모국어인 한국어 외에 이미 영어, 일본어, 중국어가 원어민처럼 능통하신 분이다.

그런데도 새로운 언어에 도전하셨다. 그분의 그런 도전이 제자들에게 큰 동기부여가 됐다. 나도 그 영향을 받은 제자 중 한 명이다.

독일의 철학자이자 유명한 작가인 괴테는 "꿈은 계속 간직하고 있으면 반드시 실현할 때가 온다"라고 말했다. 시작은 늦어도 된다. 포기하지만 않으면 꿈은 반드시 이루어지게 되어 있다.

누구에게나 도전은 필요하다. 그 도전이 본인에게는 행복을 찾아주고 누군가에게는 꿈을 찾고 도전해야겠다는 동기부여가 된다. 2021년 OECD 보건 통계Health Statistics에 의하면 우리나라 평균 수명은 OECD 국가의 평균 81.0년보다 2.3년 긴 83.3년이고, 성별로 보면 남성은 80.3년, 여성은 86.3년이다. 의학의 발달로 우리나라는 이미 100세 시대를 논하고 있다. 우리 할머니도 94세까지 사셨고, 회사 동료의 할머니는 104세로 TV에 출연하셨다. 90~100세를 사시는 분들이 이미 우리 주변에도 많다.

그런데 우리나라 경제 사회의 패러다임은 60세에 맞춰져 있다. 직업에 따라 다르고 65세 정년 논의가 시작되긴 했으나, 우리나라는 현재 정년이 60세로 법제화되어 있다. 현실은 이보다 더 빨라서 대기업도 기업의 재정 부담을 이유로 50세 전후면 퇴직을 암암리에 진행한다. 60세에 퇴직한다고 해도 100세를 산다면 40년이 남고, 90세를 산다고 해도 30년이 남는다. 그러니 퇴직하기 전에 그동안 현실의 벽에 부딪혀 이루지 못했던 자신의 꿈을 실천하며 살 수 있는 준비를 해야 한다. 퇴직 전에 준비하면 제2의 인생은 연착륙이 된다. 혹시 우리 부모님은 어떤 꿈과 계획이 있는지 한번 물어보자. 그리고 부모님이 늘 우리를 응원해 주시듯 우리도 부모님의 꿈을 응원해 보자.

지인이 보내준 동영상에 이런 얘기가 있었다. 나이 많은 할머니께서 자식들에게 쓴 유언이었다.

'내가 젊었을 때는 너희 다 키우고 나서 편하게 살면 된다고 생각했다. 먹고 싶은 거 안 먹고, 놀고 싶은 거 안 놀고, 사고 싶은 거 안 사고 살다 보니 너희 아빠가 돌아가셨다. 나는 너희 키우느라 정신없이 살았고, 막상 너희 결혼해서 이제 나도 좀 좋은 거 먹고 좋은 옷 입고 좋은 데 여행도 좀 가야겠다고 생각했는데, 그때가 되니 이가 다 빠져서 먹고 싶어도 못 먹고 몸이 약해져서 여행 갈 힘도 없더라. 너희는 젊을 때 먹고 싶은 거 다 먹고, 가고 싶은데 가 보고, 하고 싶은 거 하고 살아라. 늙으면 어떤 것도 할 수 있는 게 별로 없다.'

이 동영상을 보며 꿈도 힘이 있을 때 도전해야 한다는 생각이 들었다. TV에 나온 한 40대 부부는 도시에서 맞벌이하며 바쁘게 살다가, 나무가 좋아 목공 일을 하고 싶다는 남편의 바람에 따라 시골로 이사했다. 전국을 돌아다니며 집을 찾았고 충청북도의 한 지역에 5,000만 원이 안 되는 비용으로 마당이 있는 집을 구했다. 남편은 집의 모든 인테리어를 직접 담당하고 수리했다. 가구도 직접 만들었고 만든 가구나 아이템을 인터넷으로 판매하기 시작했다.

아내는 자신이 그림을 좋아한다는 사실을 나이 마흔이 넘어서 그것도 충청도 시골에서 처음 알게 되었다고 말했다. 남편은 집 창고를 수리해 만든 작업실에서 뚝딱 가구를 만들어 내고, 아내는 그 가구에 색을 입힌다. 마당에서 고기도 구워 먹고, 이웃들은 이들 부부에게 텃밭의 상추, 고추, 싱싱한 채소를 나눠 준다. 아내는 이렇게 말한다.

"도심에 살 때는 지금보다 생활비가 3배나 많았어요. 그런데 영양은 훨씬 못했죠. 지금은 3분의 1의 비용으로 사는 데 먹는 건 훨씬 풍부해요."

몇 년 전, 제주도에 가족여행을 갔다가 목적지로 가는 길을 놓쳐 그냥 아무 곳이나 들어갔던 식당의 벽에 이런 글귀가 있었다.

'꿈이 있는 한 나이는 없다'

 나도 모르게 사진을 찍었고, 한동안 카톡 배경 사진으로 사용했다. 꿈이 있으면 나이는 의미 없다. 기회가 된다면 부모님에게 한번 여쭤보자.

 "아버지, 혹시 젊었을 때 꿈이 뭐였어요?"

 부모님도 옛꿈을 소환하실 것이다. 그러면 강력하게 한번 제안해 보자.

 "아버지, 이참에 그 꿈 한번 도전해 보시면 어때요?"

 효도하는 길과 내 꿈 실현까지 한 번에 이루게 될지도 모른다.

꿈을 위한 도전은
계속된다

코로나19 팬데믹이 발발하기 서너 달 전쯤 소프트웨어 엔지니어였던 젊은 회사 동료가 어느 날 내게 연락했다.

"저 회사 그만둬요."

내가 깜짝 놀라 왜 그만두느냐고 물었더니 미국에 간다고 했다.

"두 가지 이유인데요. 하나는 자녀교육 때문이고, 두 번째는 제 삶에 대한 도전이에요."

"자녀교육은 이해가 되는데, 삶에 대한 도전이라니요?"

당시에 동료는 초등학교 3학년과 5학년의 두 딸이 있었다.

"제가 엔지니어라 영어가 아주 원활하지는 않거든요. 우리 애들은 영어를 좀 자유롭게 구사할 수 있으면 좋겠고, 친구까지 경쟁자로 생각하게 하는 우리나라 학교에서 살게 하고 싶지 않았어요."

"그러면 삶에 대한 도전은 또 뭔가요?"

"제가 곧 40세가 되긴 하지만 아직은 30대잖아요. 한 살이라도 젊을 때 큰 세상에 도전해 보고 싶어요."

"미국에서 일할 회사는 정해졌나요?"

"아뇨, 아직 회사는 정하지 않았어요. 지금 여기저기 지원하고 있어요. 다행히 엔지니어는 미국행이 비교적 쉬워요. 더 늦기 전에 도전하려 합니다."

"아니, 애들도 있는데 갈 회사는 정해 놓고 가야 하는 거 아닌가요?"

"저도 그것 때문에 마음이 자꾸 흔들리긴 했는데 그냥 마음먹었을 때 가기로 했어요. 안 그러면 아예 못 가게 될까 봐요."

동료가 미국으로 떠나고 자녀들이 미국 공립학교에 입학한 것이 2019년 11월이었다. 미국 회사 인터뷰를 할 것 같다고 하기에 잘되기를 바랐는데 이내 코로나19 팬데믹으로 인터뷰하겠다던 모든 회사에서 신규 인력을 뽑지 않아 1년이 넘도록 퇴직금으로 버티고 있다는 얘기를 들었다. 이후 2021년 봄에 다시 연락이 왔다.

"저 일할 회사를 구했습니다. 그리고 코로나19로 여기 집값이 계속 오르고 있어서 아예 작은 집을 하나 샀습니다. 직업이 생기니 감사하게도 은행에서 대출해 주더라고요. 회사 일은 할 만합니다. 아이들은 이미 학교에 잘 적응했고요. 캘리포니아여서 날씨도 좋고 모든 게 만족스럽습니다."

지금도 이분과 가끔씩 연락한다. 비록 가자마자 코로나19 팬데믹으로 큰 어려움을 겪었지만, 자신의 인생에 있어 스스로 아주 잘한 결정이라고 생각한다기에 나도 적극적으로 격려해 주었다. 코로나19가 안정화되면 언젠가 캘리포니아에 '꿈찾아 비전캠프'를 하러 다시 갈 테니 지역 가이드를 해달라고 웃으며 말했다.

또 다른 회사 동료 중에 스페인으로 이민을 준비하는 사람이 있었다. 이 사람은 캠핑과 와인을 무척 좋아하는데 특히 스페인 와인을 즐긴다. 자신의 영어 이름도 스페인식으로 만들어서 사용하고 있고 와인 숍을 내고 싶어 와인 자격증도 공부하는 중이다.

이민을 가기 전에 스페인으로 캠핑 여행을 먼저 해볼 생각이라며 주말이면 훈련차 가족과 동네 캠핑을 간다. 2021년 말에는 제주도 옆 우도에 있는 캠핑 성지라고 불리는 곳으로 캠핑을 다녀왔다. 이 동료도 엔지니어 출신이다. 대학 졸업 후 지금의 회사에 들어왔지만, 사실 본인은 엔지니어 업무가 자신의 적성에 썩 맞지는 않아서 여러 차례 부서를 옮겼다.

15년을 넘게 회사에 다녀도 결국은 자기 꿈을 찾아가게 된다. 머리가 시키는 것이 아니라 마음이 시키는 것을 원하기 때문이다. 나는 혹시 마음이 원하는 꿈을 찾아가고 있는 걸까? 아니면 머리가 원하는 꿈을 찾아가고 있는 걸까? 용기를 내어 부모님께 이렇게 말씀을 드릴 수 있을까?

"아빠, 엄마, 저는 머리가 원하는 길이 아니라 제 마음이 원하는 길을 가고 싶어요! 인생은 딱 한 번뿐이고 행복하게 살고 싶으니, 아빠 엄마도 저를 응원해 주세요!"

꿈을 발견하려면 먼저 초석을 놓아야 한다. 그 초석이 바로 마음먹기다. 내가 먼저 내 꿈을 찾아야겠다는 결심을 해야 도전할 수 있다. 행동은 항상 마음먹는 데에서 시작한다. 뭔가를 해야겠다는 생각은 많은데 그 행동을 할 결심이 서지 않기 때문에 시작이 안 된다. 그러나 일단 굳게 마음먹으면 한 발을 떼게 된다. 동료가 미국에 갈까 말까를 고민한 기간이 거의 3년이었다. 일단 마음먹고 나니 불과 몇 달 만에 행동으로 이어졌다.

꿈 찾기는 성인이 되어서도
끝나지 않는다

청소년 시기에 열심히 꿈을 꾸어도 성인이 되면서 어느새 현실에 타협하게 되는 부분이 있다. 지금 성인들에게 물어보면 자기의 꿈을 이루었다고 말할 수 있는 사람이 과연 몇 명이나 될까? 나 역시 성인이 되면서 진짜 나의 꿈은 잊고 살았다.

대학원 졸업 후 국제정치학 박사과정으로 미국 서부의 한 대학교에 지원서를 보냈다. 이미 충분한 점수를 받은 GRE 대학원 입학 평가시험의 유효 기간이 5년이라, 얼마간 유학 자금을 모아 출국하려고 생각했다. 때마침 삼성전자 무선사업부에서 영어를 하면서 동시에 중국어나 스페인어를 할 줄 아는 전문가를 지역별로 각각 한 명씩 뽑고 있었다. 워낙 경쟁률이 높아 지원하고도 큰 기대를 하지 않았는데 영어-중국어 담당으로 선발이 되었다. 원래 나는 학자의 길을 갈 거라고만 생각했지, 회사에서 일하게 될 거라고는 단 한 번도 생각해 본 적이 없었다. 혹시 입사하게 되더라도 3~4년만 일하고 바로 공부하러 갈 계획이었다. 그래서 업무 내용이나 일의 강도에 대해서는 전혀 고민하지 않았다. 하지만 늘 그렇듯 인생은 내 생각과 다르게 흘러가게 마련이다.

즐거움과 어려움을 다 겪으며 어느덧 회사에 몸담은 지 20년이라는 세월이 흘렀다. 즐거움은 중국 전문가에 대한 꿈을 회사라는 현장에서 실현하게 되었다는 점이고, 어려움은 일 자체가 내 적성과 그다지 맞지 않았다는 점이다. 중국으로 출장을 가서 사람을 만나며 처리하는 일은 아주 즐겁고 성과도 좋았지만, 한국의 사무실에 근무하며 하던 일은 몹시 스트레스를 받아야 했다. 학자의 길은 그렇게 내 삶의 뒤안길로 조용히 사라졌다.

휴대전화 해외영업부에서 중국, 홍콩, 대만으로 100여 차례 출장을 다녔다. 회사에서 보내주는 지역 전문가 프로그램에 선발되어 중국의 수도 베이징으로 파견을 나가, 마오쩌둥毛澤東이 대학교 이름 간판을 써 주었다는 베이징어언문화대학에서 고급 중국어를 배웠다. 1년간 중국 전역을 여행하며 지역 연구를 했고, 그 후 중국 경제의 중심인 상하이에서 주재원 생활을 했다. 주재원으로 선발이 되면 주재원 집합 교육을 한다. 당시 내 주재원 교육 동기가 72명이었는데 교육 중 MBTI 검사가 있었다. 프로그램 진행자가 성격 유형별로 그룹화하고 자리를 옮겨 앉으라고 했다. ENFP는 나를 포함해서 딱 두 명이었다. 진행자가 마이크로 "거기 ENFP 두 분 일어서 주시겠어요?"라고 했다. 우리가 일어나자마자 진행자는 이렇게 말했다.

"여러분, 이 두 분께 위로의 박수를 보내 주세요! 주재원 생활이 가장 고달플 것으로 예상되는 기질을 가지신 분들입니다."

MBTI 성격 유형 중 스파크가 팍팍 튀는 '재기발랄한 활동가'로 분류되는 ENFP는 한 마디로 자유로운 영혼이다. 그렇지만 ENFP가 혼자서 노는 스타일이 아니라 타인과 사회적, 정서적 유대관계를 맺음으로 행복을 느끼는 스타일이다 보니, 정도 많고 감수성이 풍부한 편이라 외국에서 현지인들을 닦달하고 질책해 가며 목표를 달성해야 하는 주재원 업무가 어려울 수밖에 없었다.

용기를 북돋워 주고 동기부여를 하며 칭찬하는 건 잘했지만, 부하 직원들을 질책하고 닦달해서 목표를 만들어 내는 것은 내 성격상 잘 맞지 않았다. 더군다나 깨알 같은 숫자를 보며 매주 판매가 잘 되면 잘 된 대로 안 되면 안 된 대로 이유를 분석하고 보고하는 일이 참 피곤했다.

위로부터 내려오는 목표 달성에 대한 질책과 판매에 대한 모든 책임을 내가 다 짊어졌다. 나와 같은 유형은 어떤 상황이든 압박받을 때 스트레스를 많이 받는다. 적성에 안 맞는 일을 맡으면 그야말로 최악이다. 자존심 때문에 상사에게 질책받기 싫어 스트레스를 참아가며 남보다 더 열심히 일했다. 그런데 그때 생각지도 못한 병들이 찾아왔다.

제일 먼저 찾아온 병은 대상포진이었다. 처음 생긴 대상포진에 대해 중국 병원에서는 정확한 진단을 하지 못했다. '족저근막염'이라고 약을 주었다. 살을 베고 바늘로 찌르는 것 같은 따가운 통증은 계속되는데, 아무리 약을 먹어도 도무지 낫지를 않았다. 병원을 세 번이나 옮긴 후에야 비로소 대상포진 진단을 받았는데, 그때는 이미 몸에 대상포진이 발에서부터 허리까지 100여 개 올라온 상태였다.

인사팀장에게 보고하니, 중국에는 적절한 치료 약이 없으니 즉시 귀국해서 치료받으라는 지시가 떨어졌다. 그다음 날 바로 귀국하여 병원에 입원했다. 거의 열흘간 얼마나 아팠는지 그 통증은 이루 말로 다 할 수가 없다.

두 번째 병은 돌발성 난청이었다. 갑자기 귀가 먹먹해지면서 소리가 잘 들리지 않았다. 마치 비행기를 타고 이륙할 때 기압 차로 생기는 고막 상태

같았다. 병원에서 검사해 보더니 돌발성 난청이란다. 발병 후 늦어도 사흘 내에는 치료해야 하는데, 만일 제때 치료하지 않고 일주일을 넘기면 청력을 잃을 수도 있다고 했다. 스테로이드 약이 처방되는데 이 약을 먹으면 힘이 넘쳐나든가 아니면 기운 없이 골방에 들어가 쭈그리고 앉아 있던가 둘 중 하나의 반응이 온다. 나는 후자였다. 우울증이 올 것 같은 느낌이었다. 대상포진과 돌발성 난청이 각각 두 번씩 왔다.

나에게 최후의 일격을 가한 녀석은 황반변성이었다. 평소처럼 사무실에서 컴퓨터 화면에 떠 있는 깨알 같은 휴대전화 판매 숫자를 뚫어지게 보는 업무를 하던 어느 날 왼쪽 눈이 너무 아팠다. 하지만 일도 많고 출장도 많아 바쁜 상황이라 병원에 가지도 못하다가 마침 건강검진을 위해 잠시 귀국했을 때 검사를 받을 수 있었다. 검진 결과가 나왔는데 황반변성 같다며 전문병원에서 정밀검사를 받으라는 통보를 받았다. 급히 눈 전문 병원에서 검사를 받았고 황반변성 판정을 받았다.

황반변성은 눈에 물체의 상이 맺히는 장소인 황반에 문제가 생기는 것으로 직선이 찌그러져 보이거나 가운데가 까맣게 보이는 증상이 나타난다. 더 심해지면 앞을 못 볼 수도 있다. 대개 노인에게 발견되는 노인성 안질환인데 요새는 휴대전화를 너무 많이 보는 등 눈이 혹사당하거나 스트레스로 인해 젊은 사람들 사이에서도 발생하는 병이다.

영업 분야 주재원은 주로 휴대전화로 업무를 처리한다. 출장도 많고 회의도 많다 보니 휴대전화로 메일도 확인하고 결재도 한다. 온종일 휴대전화 화면을 보느라 눈이 꽤나 혹사당한다. 적성에 맞아도 일이 힘든데 적성에 안 맞는 나에게는 더 설명할 필요가 없었다. 눈 보호를 위해 한동안 휴대전화로 보는 업무를 최소화하고, 노트북이 있을 때 몰아서 일을 처리했으며 외부 출장을 갈 때는 선글라스를 착용했다.

평소와 같이 늦게까지 일을 하고 새벽 2시가 넘어 퇴근한 어느 날, 집의 벽에 스카치테이프로 붙여 놓은 종이를 발견했다. 초등학교 2학년이던 둘째 딸이 메모지를 못 찾았는지 편지 봉투 겉에 뭔가를 적어서 벽에 붙여 놓았다.

'아빠, 보고 싶어!'

그날 나는 그 자리에 주저앉아서 펑펑 울었다. 이른 아침에 출근해서 새벽에 퇴근하느라 그야말로 날마다 별 보기 운동을 했다. 가족은 가족대로 못 보고, 나는 나대로 힘든데 '도대체 내가 무엇을 위해서 이렇게 일을 하고 있나?' 하는 생각이 들었다. 깊은 고민 끝에 주재원을 중간에 그만두었다.

내 휴대전화 투명 커버 뒷면 안쪽에는 달력에서 오려낸 글귀가 들어 있다. 휴가를 연상시키는 이미지와 함께 '휴가 중'이라고 쓰인 글자다. 내가 이 글자 앞에 '(마음은)'이라고 적어 놓아 '(마음은) 휴가 중'이 되었다. 출근해서 휴대전화를 볼 때마다 이 글귀를 보았다. 몸은 적성에 맞지 않는 일을 해도 마음만이라도 휴가 중이면 정서 안정에 도움이 되었다. 그런데 한편으로 가족과 나 자신에게 미안한 마음이 들었다. 겨우 '마음은 휴가 중'이라는 글귀로 마음의 위로와 안정을 얻어야 한다는 말인가? 어떻게 하면 가족과 함께 행복한 삶을 꾸려 나갈 수 있을까? 나는 과연 어떤 일을 하면 행복할까? 그때부터 수없이 고민하기 시작했다.

잃어버린 나를 찾기 시작했다

처음으로 큰 결단을 내렸다. 1년간 휴직을 하기로 했다. 나를 좀 더 객관적으로 바라보는 시간을 갖기로 했다. 입사 이래 단 한 번도 휴직에 대해 생각해 본 적이 없었다. 마침 막내딸이 초등학교 2학년이었다. 지금은 자녀가 초등학생이면 부모의 육아휴직이 가능하지만, 내가 휴직할 당시에는 자녀가 9세까지만 신청이 가능했다. 초등학교 2학년이던 막내딸 생일 당일에 육아휴직을 했다. 첫째는 고등학생, 둘째는 중학생이었다. 육아 휴직은 한마디로 잃어버린 나와 내 가족을 찾는 여행의 시간이었다.

휴직을 하니 몸은 살 것 같았다. 육아휴직이라는 이름처럼 한편으로는 아이들을 챙기며, 처음 두 달간 쉬면서 좋아하는 책을 실컷 읽었다. 몸도 빠르게 회복되었다.

아무래도 집에 있는 시간이 많아지다 보니 학업, 친구들, 관심사, 성격, 꿈 등 평소에 잘 몰랐던 아이들에 관한 것이 눈에 들어오기 시작했다. 사실 평소 회사에서 보내는 시간이 집에 있는 시간보다 많아 딸들이 뭘 좋아하고 무슨 생각을 하며 사는지 잘 몰랐다.

큰아이는 친한 친구들과 잘 어울리기는 했지만, 혼자서 책을 읽거나 그림 그리는 것을 더 좋아했다. 자기 주도적이면서 동시에 내향적인 면이 강한 스타일이었다. 둘째는 친구들이 세상의 전부라고 해도 과언이 아닐 만큼 무엇을 하든 친구들과 함께 어울리는 것을 좋아했다. 또한 외향적인 성격에 무리를 이끄는 리더십도 있었다. 하지만 친구들과 어울리는 시간이 너무 많다 보니 아무래도 학생으로서 해야 할 학업도 소홀해지고 휴대전화로 친구들과 늦게까지 SNS를 하느라 잠이 부족해 몸도 피곤한 상황이 계속되었다.

둘째가 공교육 중학교 1학년 때 경기도에서 자유학기제를 처음 실시했다. 한 학기를 실시하더니 다시 한 학기를 연장해서 1년짜리 자유학년제가 되었다. 1년 동안 시험이 없고 체험학습 등을 활용하여 자신의 진로를 탐색하는 시간으로 사용한다는 취지에서 시행되었다.

2021년 1월 기준 전국 중학교의 96.2%가 자유학년제를 시행하기로 결정했다고 하는 교육부 발표로 보아 이제는 좀 자리를 잡아 가고 있는 것 같긴 하다. 그런데 우리 둘째에게 처음 적용되었던 시작 당시에는 좋은 취지에도 불구하고 정부도, 학교도 준비가 제대로 안 된 채 우왕좌왕하느라 아까운 시간을 흘려보냈다.

시험은 없어도 학업의 질적인 수준이 떨어지면 안 되는데 가만히 보니 학업적인 부분은 많은 부분 놓치는 것 같았다. 시험이 없으니 학생들이 공부를 너무 편하게 한 것은 아닌지 모르겠다. 학교 차원에서 진행한 진로 체험학습도 마찬가지다. 학습이 어땠는지 아이에게 물어보았다. 그냥 구경하듯 다녀온 것처럼 말을 했다. 학습을 통해 무엇을 얻었는지 알 수가 없었다. 진로 체험으로 학습 효과를 기대하지 못하니 나는 학부모로서 답답했다. 어떤 때는 학교의 공식 체험학습으로 놀이동산에 다녀온 날도 있었다. 이게 뭔가 싶었다.

자녀의 상황과 공교육의 문제점이 눈에 들어올 때쯤 현실이 다가왔다. 휴직을 통해 몸도 회복되고 마음도 편해졌지만, 생활비가 절대적으로 부족했다. 뭔가 아르바이트라도 해야 할 것 같았다. 마침 회사에서 직속 상사였던 선배가 임원 퇴임 후 사업 아이템을 찾는다고 하여 일주일에 사흘 정도 도와주는 아르바이트를 했다. 더 먼저 퇴직한 또 다른 선배가 강남에서 운영하던 유학원의 작은 강의실 한 칸을 빌려 임시 사무실로 사용했다.

두 분 모두 한때는 나의 상사분들이어서 테마는 달랐지만 같은 공간을 쓰다 보니 급할 때는 일을 모두 도와드렸다. 유학원 쪽으로 나는 미국 대학교 홈페이지를 일일이 점검해서 여름 서머스쿨 프로그램을 정리하는 일과 고교 과정을 온라인으로 듣고 학점을 받을 수 있는 프로그램을 담당했다. 아마도 이때부터 자녀교육 분야에 관심이 생기기 시작했던 것 같다.

당시 유학원 원장이던 선배의 아들이 하버드대학교에 다니고 있었다. 마침 아들도 볼 겸 유학원 비즈니스도 할 겸 선배가 미국 뉴욕과 보스턴으로 출장을 가면서 같이 가자고 제안했다. 뉴욕 롱아일랜드의 사립학교에서 시작하여 앤도버Andover에 위치한 미국 최고의 기숙학교인 필립스 아카데미Phillips Academy를 거쳐 미국 동부의 여러 사립 중고등학교를 방문했다. 우리나라 단과대학만 한 규모와 훌륭한 시설들이 놀라웠다. 아이스하키장, 미식축구장, 수영장, 콘서트홀, 극장을 갖춘 학교가 고등학교라니. 직접 보니 정말 양질의 교육을 배울 수 있겠다는 생각은 들었지만, 그러기에는 학비가 너무 비쌌다. 한국 중산층이 자녀를 쉽게 유학 보낼 수 있는 수준이 아니었다. 많지는 않지만 방문했던 학교마다 서너 명의 한국 유학생들이 있었다. 동양계 학생은 대부분 중국에서 온 아이들이었다.

보스턴에 도착해서 하버드대학교를 방문했다. 하버드대학교는 1636년 매사추세츠주 케임브리지에 설립된 미국에서 가장 오래된 학교다. 추운 겨울이었지만 캠퍼스는 대학 탐방을 다니는 전 세계 여행객들로 북적거렸다. 방문객들은 캠퍼스 내에 있는 존 하버드 John Harvard 동상의 왼쪽 신발 끝을 만지며 사진을 찍느라 줄을 섰다. 손으로 만지는 곳이 노랗게 닳아 번들거렸다. 존 하버드 동상의 신발을 만지면 후손이 하버드에 입학한다고 한다는 속설이 있다. 그래서 사람들은 너도나도 그 발을 만지며 사진을 찍었다. 나도 줄 서서 똑같이 신발을 만지며 사진을 찍었다. 당시 내 마음 한편에도 그 속설을 믿고 싶은 학부모의 마음이 있었다. 하지만 속설은 속설일 뿐이다.

캠퍼스를 걸으며 고전적인 건물을 바라보니 평소에는 별로 하지도 않던 공부가 갑자기 하고 싶어졌다. 책을 들고 걸어가는 학생들의 모습도 자신감이 넘쳐 보였다. 선배의 아들이 이곳에서 공부한다면 내 자녀들에게도 이런 꿈을 심어 주고 싶다는 생각이 들었다. 하버드를 가라기보다는 목표를 높이 잡고 인생에 도전하는 꿈을 꾸라는 뜻으로.

선배의 유학원이 미국 유학을 목적으로 하는 곳이다 보니 내 생각 및 교육철학과 다른 부분이 많았다. 내 딸이 유학을 반드시 가야 하는 것도 아니었고 재정적으로 여유롭지도 않았다. 유학 외에도 인생의 길은 다양하다고 생각했기 때문이다. 결국 6개월 만에 유학원 업무를 정리했다. 하지만 이 시기가 내게는 자녀교육 문제를 깊이 생각하게 된 계기였던 것은 분명하다.

보스턴에서 돌아와 곰곰이 아이들의 진로를 생각해 보았다. 역사를 좋아하던 큰아이는 이미 중학교 2학년 때 자신의 관심사를 발견하여 진로를 정해 놓고 그것을 이루기 위해 한 길을 달려가고 있었다. 하지만 둘째는 그렇지 않았다. 뭘 하고 살고 싶냐는 질문에 잘 모르겠다는 답변이었다. 잘 모르겠다는 답변은 자신의 진로에 대해 깊이 생각을 안 해 보았거나 자신이 뭘 원하는지 모르기 때문일 가능성이 크다. 혹은 꿈이 없을 수도 있다.

휴직 기간에 아이들을 위해 뭔가를 해야겠다고 생각했다. 먼저 청소년에 대해 좀 더 깊이 알고자 그날부터 도서관, 서점을 다니며 청소년, 꿈, 교육에 관한 책을 집중적으로 읽었다. 어림잡아 몇백 권은 읽은 것 같다.

수많은 책과 생각의 정리를 통해 아이들이 꿈을 찾아가기 위한 커리큘럼을 만들기 시작했다. 정리된 내용을 다시 보면서 내 아이들만 위한 것이 아닌 이 시대의 청소년들이 꿈을 찾는 데 도움이 되는 교육연구소를 설립하기로 마음먹었다.

〈꿈을 찾는 아카데미〉
교육연구소를 설립하다

　교육적 관점이 어느 정도 정리가 되던 2018년 4월, 지인이 운영하는 카페에 커피를 마시러 갔다. 지인의 대학 시절 친구가 오랜만에 왔다고 하여 얼떨결에 인사도 하고 점심식사를 같이했다. LG전자 엔지니어였다가 20여 년 전 미국으로 건너가 신학을 공부하고 10여 년 동안 목회를 하다가, 지금은 내려놓고 잠시 쉬는 시간에 한국에 들어왔다고 했다.

　내 소개를 하다 보니 자연스럽게 휴직하게 된 배경과 현재 우리나라의 청소년 교육 이슈 그리고 최근 교육연구소 설립을 준비 중이라는 이야기를 나누게 되었다. 특히 요즘 청소년들이 꿈이 없어서 무기력하게 살아가는데, 무엇보다 꿈을 찾아주어야 교육이 살고 가정이 살 것이라며 카페의 화이트보드에 단계별로 적어가며 설명했다. 지인의 친구분이 얼마나 집중해서 듣던지 눈이 초롱초롱 빛이 났다.

　다음 날 전화가 왔다. 어제 내 이야기를 듣고 너무 흥분되어서 잠을 못 이뤘다며 미국으로 돌아가기 전에 한 번 더 볼 수 있는지를 물었다. 나는 기꺼이 다시 만났다. 얘기를 들어보니 내가 회사 일이 적성에 안 맞아 힘들었던 것처럼, 이분도 미국에서 목회하면서 미국 한인교회를 목회하는 운영 방식에서 힘든 부분이 있었던 것 같았다. 차세대 청소년을 대상으로 비전 세미나와 캠프 형식을 활용해서 꿈과 비전을 찾아주는 것을 내 사명으로 생각한 것처럼 이분은 차세대 청소년을 대상으로 내 사명에 신앙적인 꿈을 심어주는 것까지 생각하고 있었다.

이분이 미국으로 돌아가고 얼마 지나지 않아 나와 한국에서 나눈 아이디어를 혹시 미국에서 적용해도 되겠냐고 연락이 왔다. 어차피 5월에 교육연구소를 설립하니 아예 우리 교육연구소 명의로 정식으로 비전캠프를 해보라고 했다.

2018년 5월 21일 〈꿈을 찾는 아카데미〉 교육연구소를 설립했다. 5~6가지의 이름을 놓고 일주일을 고민하다가 인생에서 먼저 꿈을 찾는 것이 중요하기에, 꿈과 관련된 이름으로 이리저리 조합해 보았고 무엇보다 우리 인생이 결국 배움의 학교이며 아카데미의 뜻이 학교인 데다 '꿈을 찾는 아카데미'의 앞 글자만 따면 '꿈찾아'가 되기에 최종적으로 '꿈을 찾는 아카데미 교육연구소'로 이름을 정했다. 영어로는 잠잘 때 꾸는 꿈의 의미도 담고 있는 'Dream'보다는 미래적 뉘앙스를 풍기는 'Vision'으로 했다. 그래서 영어 명칭은 'The Vision Academy'이다.

나와 교육 철학을 공유하는 미술학원 원장님이 푸른 꿈을 상징하는 파란 바탕에 순수한 꿈의 콘텐츠를 상징하는 하얀 색 글자로 〈꿈을 찾는 아카데미〉 로고를 만들어 우리 연구소 설립 기념 선물로 주었다.

이 원장님은 입시 미술을 하지 않는다. 홍대 미대에서 함께 미술을 공부했던 친구들이 입시 미술을 해야 돈을 벌 수 있다고들 이야기하지만, 입시 미술이 아이들의 창의력을 말살한다고 믿기 때문에 절대 가르치지 않는다. 참 아이러니하다. 미술이 좋아서 더 수준 높은 미술을 배우려고 미대에 가는데, 미대에 가려면 창의력을 다 내려놓고 기계적으로 그림을 그려야 한다니 말이다.

〈꿈을 찾는 아카데미〉 설립 이후, 인생에서 먼저 꿈과 비전을 찾는 데 집중하면서 자신의 진로를 찾아가야 오류를 줄이고 인생을 행복하게 사는 길이라는 나의 교육 방향을 공유하려고 네이버 블로그와 밴드를 시작했다. 처음에 교육연구소를 설립하면서 나를 뭐라고 부르는 게 좋을지 고민을 많이 했다. 멘토나 컨설턴트는 해결책을 주는 존재이지만, 코치는 해결책이 아니라 방향만 정해 주는 역할이다. 최종 목적지는 코칭을 받는 본인이 정한다. 본인이 스스로 해결책을 끌어내는 것이 가장 좋은 교육이다. 그래서 스스로를 '비전 코치 Vision Coach'라고 부르기로 했다.

교육을 의미하는 영어 'Education'은 'Educate'의 명사형으로 라틴어 'Educare'에서 왔다. '바깥쪽'을 의미하는 E와 '이끌어내다'라는 뜻의 'Ducare'의 합성어다. 즉 '안에 있는 잠재력을 밖으로 이끌어 내는 것'이 교육 Education이라는 뜻이다. 우리 아이들 안에 잠재된 꿈과 비전을 밖으로 이끌어 주는 역할이 바로 비전 코치의 할 일이다. 그래서 '꿈찾아 비전코치'를 새로운 나의 사명으로 삼았다.

'꿈찾아 비전캠프'를 떠나다

2018년 6월 미국 캘리포니아주 어바인Irvine에서 연락이 왔다. 재미교포 자녀를 대상으로 〈제1차 꿈찾아 비전캠프〉를 5박6일 동안 진행한 것이다. 재미교포 아이들에게도 아픔은 있다. 부모님과 달리 미국 학교에 다니며 자란 아이들은 한국어보다 영어가 더 편하고, 미국 청소년 문화를 자신의 문화로 받아들이며 살다 보니 한국인으로서의 정체성이 약하다.

1차 비전캠프는 바로 '정체성'을 테마로 어바인 지역 초중등 학생을 대상으로 실시했는데 사전에 학부모와 자녀들을 대상으로 자녀들의 관심사와 직업관에 대한 설문을 실시해서 메인 테마로 잡았다. 그리고 캠프 중 참여자들의 강점과 재능을 알아보는 테스트를 진행했으며 신앙적으로는 '비전'에 관한 성경 공부, 그리고 관심사와 재능을 발견하기 위해 크래프트Craft 만들기 및 쿠킹 클래스를 매일 정해진 시간에 진행했다.

또 로스앤젤레스로 기차를 타고 가서 역사적 건물이나 주요 지역을 방문해 사전 연구를 해온 사람이 현장에서 발표하며 공유하는 '다운타운 필드

트립'을 진행했다. 장소 선정은 학생 발표자가 직접 선정하고 스스로 사전 연구를 했다. 아이들이 고른 장소는 시청, 중앙도서관, 중앙시장, 디즈니 콘서트홀, 더 브로드The Broad 미술관, 리틀 도쿄 및 차이나타운 등으로 역사적으로나 건축학적으로 유명한 곳들이다.

1차 비전캠프에서 특별히 정한 리서치 프로젝트는 〈한반도와 북한〉이었다. 미국에 사는 한국인 청소년으로서 한국 전쟁과 배경, 북한에 대해 조국의 역사를 정확하게 인식하고 잘못 알려진 내용들을 각 조별로 조사하여 부모님 앞에서 발표하여 한국인으로서 역사의식을 고취하였다. 특별 강의로 UC 어바인 공과대학 가상현실 박사과정 재학생을 초청하여 해당 전공을 선택하게 된 배경과 이유를 듣고, 4차 산업혁명 시대 청소년이 스스로 어떤 공부와 준비를 해야 할지에 대해 생각해 보게 했다.

다양한 직업군을 체험할 수 있도록 비행기 기내 모니터 엔터테인먼트로 유명한 회사인 탈레스THALES를 방문하여 실제 일하고 있는 엔지니어, 마케팅 담당 및 부사장의 설명을 들었고, 기내 게임 및 영화 설치 과정 등을 체험하였다. 마지막 날에는 참가한 자녀들의 부모님들을 초청하여 함께 저녁 식사를 하며 한 주간 자녀들의 소감 및 각자 준비한 브이로그Vlog 나눔을 하였다.

1차 비전캠프를 성공적으로 마치고 나니 참가한 아이들이 변화하는 것이 보였다. 자신의 꿈을 생각하게 되고, 왜 먼저 꿈을 찾아야 하는지 알게 됐다는 피드백이 있었다. 아이들의 변화에 힘입어 2차 비전캠프를 추진하게 되었다. 2차 비전캠프는 두 달 후인 8월에 진행하기로 하였는데 무엇보다 이번 캠프 때는 둘째 딸에게 꿈과 비전을 심어 주고 싶었다. 사실 휴직으로 수입이 없던 우리 가족에게 미국행은 비용적으로 큰 부담이었다. 하지만 둘째 딸에게 매일 동네에서 만나 얘기하는 친구가 세상의 전부가 아니라는 것을 보여주고 싶었다. 더 큰 세상, 다른 사고방식의 청소년들, 다른 나라의 학교, 그 나라의 문화와 음식을 체험하며 세계관이 더 넓어지기를 바랐다.

한국과 미국 간 화상통화로 캠프 준비를 했다. 참여 학생들은 1차 때 참여했던 재미교포 아이들과 우리 집 아이들이었다. 나와 아내는 각각 어바인 한인 학부모를 위한 〈학부모 특강〉과 〈도산 안창호〉 역사교육 특강을 맡았다. 2차 비전캠프의 핵심 테마로 '물'을 잡았다. 자연을 통해 주어진 물을 우리 인간이 어떻게 하면 잘 쓸 수 있을까에 대한 '청지기 정신 Stewardship'을 생각하며 한국인으로서의 정체성과 자부심을 고취시켜 장차 나라와 민족을 위해 미래에 필요한 인재가 되도록 '도산 안창호'를 테마로 선정했다. 캘리포니아주 소재 USC University of Southern California 대학에는 안창호 선생 가족이 살았던 집이 있다. 대학 탐방을 겸해서 이곳을 방문하기로 했다.

테마 교육은 좋은 교육 방법이다. 하나의 테마로 여러 과목이 결합한 창의적 융합 교육이 가능하기 때문이다. 2차 비전캠프 때는 '물'을 연구 프로젝트의 테마로 잡고 물과 관련된 '스킷드라마 Skit drama', 물과 과학, 물 소믈리에 Water Sommelier 테스트, 캘리포니아 지역에 물을 재처리해서 수돗물로 공급하는 하수처리장 방문, 성경에 나온 물 사건과 의미, 물 게임 등을 비전캠프 콘텐츠로 준비했다.

아이들은 하수처리장 방문을 통해 그곳 담당자가 설명해 주는 물의 중요성과 물이 어떻게 재활용되는지를 직접 눈으로 보고 몸으로 느꼈다. 조별로 진행된 발표 시간에 초등학생 참가자들은 한 명씩 돌아가며 생활 속에서 물을 아껴 쓰겠다는 다짐을 발표했다.

물 소믈리에 테스트 시간에는 시중에서 판매하는 여러 종류의 물을 준비해서 눈을 가리고 이 물이 어떤 물인지 맞히는 프로그램을 진행했다. 아이들은 우선 물 소믈리에라는 직업이 있다는 사실에 놀랐다. 또한 물맛은 어디나 항상 똑같다고 생각했던 자신의 생각이 지역에 따라 물맛이 다를 수 있다는 것도 알게 되었으며, 이는 생산하는 지역에 따라 물의 성분이 다르기 때문이라는 사실도 알게 되었다. 무엇보다 물을 비교적 풍족하게 사용하는 우리와 달리, 현재 물 부족이 심각한 국가에 대한 영상 시청을 통해 문제점과 해결책을 고민하며 시야를 전 세계로 넓혀 크게 생각하는 훈련을 진행했다.

2차 미국 비전캠프에 우리 아이들을 데려갈 때, 둘째 딸은 미국에 가지 않겠다고 했었다. 무엇보다 방학 기간을 온전히 학교 친구들과 지내고 싶어서였다. 설득하기가 쉽지는 않았다. 그래서 이번 한 번만 다녀오면 다음 방학부터는 마음대로 친구들과 지내라는 타협점을 찾아 결국 둘째를 비전캠프에 참여시켰다. 사실 다음 비전캠프를 계속하게 될지는 나도 모르는 상황이었다. 어쨌든 둘째 딸을 데려갔고, 미국에 도착한 다음 날부터 바로 비전캠프가 시작되었다.

둘째보다 더 외향적인 성향이던 초등학생 막내딸은 도착하자마자 바로 친구를 사귀며 어울렸다. 하지만 안 그래도 오기 싫었던 곳에 끌려 오다시피 따라온 사춘기 중학생 둘째 딸은 초반 이틀까지 무뚝뚝 그 자체였다. 시차 문제로 잠이 안 오니 한국 친구들과 밤새 SNS로 연락한 것 같았다. 줄곧 어색해 했지만 사흘이 지나면서 현지 아이들이 적극적으로 둘째 딸에게 다가가자 서서히 어울리기 시작했다. 일단 멤버들과 친해지고 나니 누구보다 잘 지내며 캠프를 소화해 나갔다.

새로운 아이들과 어울리며 둘째가 변하기 시작했다. 며칠이 지난 어느 날 둘째 딸이 내게 말했다.

"아빠, 여기 애들은 어떻게 이렇게 말을 예쁘게 하죠? 욕이나 속어를 습관적으로 사용하는 애들이 없어요. 한국에서는 학교에서 친한 애들끼리 말할 때 속어나 욕을 항상 사용하는 애들이 있었는데 사실 그게 큰 문제라고 인식하지 못했거든요."

속어를 쓰지 않는 현지 아이들의 말투가 귀에 들어온 것이다. 이어서 말했다.

"미국은 도로에 STOP 표지판이 있을 때 사람들이 이걸 잘 지키는 게 보기 좋았어요. 우리나라 도로에서 본 적이 없던 것 같은데 만일 우리도 이걸 도입하면 시내에서 교통사고가 안 날 것 같아요."

이제는 한국과 미국의 도로 교통의 차이점을 발견하고 자기 의견을 말하기 시작했다. 평소 친구들과 어울리며 지내던 자기 삶이 세상의 전부라고 생각했던 둘째 딸은 그날부터 생각이 많아졌다. 아빠의 비전 특강을 통해 왜 꿈과 비전이 중요한지를 생각하기 시작했다. 현장 학습을 통해 한국과 미국을 비교 분석하며 장단점을 파악하고 친구들과 미래에 대해 고민하기 시작했다. 캠프를 마치고 한국으로 귀국하던 날, 둘째 딸이 귀국을 몹시 아쉬워하며 말했다.

"아빠, 여기 좀 더 있으면 좋겠어요."

일반 중학교에서 대안학교로

비전캠프에서 돌아오자마자 자신의 현재 모습과 미래를 고민하게 된 둘째 딸에게 새로운 제안을 했다.

"이번에 비전캠프 다녀오니까 어땠어?"

"좋았어요."

"뭐가 제일 좋았어?"

"제가 생각하는 세상이 다가 아니라는 걸 알았어요."

"그러면 앞으로 어떻게 살고 싶어?"

"잘은 모르겠지만 뭔가 좀 제 생활을 바꿀 필요가 있다고 생각해요."

"어떤 생활?"

"친구들도 그렇고 휴대전화도 그렇고."

"그래? 그럼 아예 학교를 바꿔 볼래?"

"네?"

"아빠 생각에는 이번 기회에 지금 다니는 학교를 그만두고 기숙사가 있는 대안학교로 바꿔보는 건 어떨까 하는데, 어때? 아빠랑 엄마랑 한번 학교를 찾아볼게."

"네, 그럴게요."

하루 대부분 시간을 친구들과 어울리고 늦게까지 휴대전화만 보던 둘째 딸에게, 다니는 공교육 중학교를 그만두고 기숙사가 있는 대안학교를 제안했다. 아이 입장에서는 큰 변화였다. 기숙사 대안학교는 우선 친구들과 단절인 동시에 내가 볼 때는 이미 중독 수준이던(본인은 절대 아니라고 주장하지만) 휴대전화 사용의 단절이기도 했다.

둘째 딸은 사회성이 높고 관계 지향적인 스타일이기 때문에 친구의 영향을 많이 받았다. 함께 어울리는 주변 친구들의 스타일에 따라 노는 친구들과 있으면 놀기만 하고, 공부하는 친구들과 있으면 공부하고 싶어 하는 스타일이다. 오프라인뿐만 아니라 온라인도 모두 24시간 긴밀하게 연결돼 있다. 기숙사 대안학교 제안은 아이의 이런 스타일을 알고 있었기 때문이었다. 미국 비전캠프에서 느낀 게 많았던 아이는 내 제안에 바로 동의했다. 즉시 기독교 대안학교를 물색했다. 특별히 주중에는 휴대전화를 완전히 사용하지 않는 대안학교를 찾았다.

크리스천으로서 내가 중요하게 생각한 것은 신앙과 꿈이다. 신앙을 바탕으로 자신의 꿈과 비전을 발견할 때 가장 좋은 열매를 맺는다. 이는 하나님이 모든 사람에게 개별적으로 주시는 재능과 자신의 꿈이 직접 연결되기 때문이다. 신앙이 없는 사람도 자신의 신념을 바탕으로 꿈을 실현시켜 나갈 때 가장 강력한 결과물을 내지 않던가.

당시 꿈조차 없던 둘째 딸에게는 꿈을 가질 시간이 필요했다. 그러려면 자신의 꿈과 비전에 대해 생각할 시간을 방해하던 휴대전화로부터의 자유가 절실했다. 사실 친구들과 어울리는 시간이 많은 것에 대해 나는 그렇게까지 심각하게 생각하지는 않았다. 당시 사춘기를 지나던 중학생에게는 친구가 매우 중요한 시기이고, 친구들과의 관계를 통해 사회성을 기르기도 하며, 비록 공부는 게을리하더라도 친구와의 대화를 통해 생각지도 않은 진로에 대해 생각할 기회를 얻기도 하기 때문이다. 그러나 중독 수준의 유튜브와 SNS는 아예 개인적으로 '생각할 기회' 자체를 원천 차단하기 때문에 더 위험하다고 생각했다.

학교를 찾아보고 연락하여 직접 찾아가 교장 선생님과 면담하기를 여러 차례, 최종적으로 Y기독교 대안학교로 결정했다. 물론 최종 결정은 당사자인 둘째 딸이 직접 학교에 가서 선생님들과 재학생들을 만나본 후에 한 것이다.

주중에는 휴대전화 사용이 불가하다 보니, 둘째 딸은 기존 친구들과 주말에만 연락하다가 점차 학교 친구들 위주로 친구 관계가 재편되었다. 학업에도 재미를 붙이고 스스로 공부하면서 성적이 많이 올랐다. Y대안학교는 학생 수가 많지 않고 영어와 수학 과목은 무학년제로 수준별로 수업을 듣기 때문에 여러 학년의 학생들이 함께 수업하며 다양한 생각을 경험할 수 있다는 장점이 있다. 일반 고등학교보다는 건물이나 공간 환경이 좋지는 않았지만, 아이는 점점 달라지기 시작했다.

둘째 딸은 휴대전화 사용 시간이 현격히 줄어들면서 성격이 확실히 밝아졌다. 2주에 한 번 주말에 집에 오는 기숙사 학교이다 보니 2주간 열심히 공부하고 집에서는 확실히 쉬었다. 이때는 못다 한 친구들과 연락하고 유튜브 동영상도 보면서 충분히 휴식을 취했다.

주중에는 스스로 새벽 예배를 드리고 학업에 몰두했으며, 기숙사에서 선후배들과 학업과 진로에 대한 이야기도 많이 하면서 자신의 진로를 찾아갔다. 자원해서 교회 예배 피아노 반주를 맡아 고3까지 5년간 봉사를 했고, 고등학교 2학년이었던 2021년에는 학교 전체 부회장이 되어 학업과 생활 모든 면에서 솔선수범하는 모습을 보였다.

학업적으로 둘째 딸은 고등학생이 된 이래 매 학기 모든 과목 A 성적을 받았다. 학생회 부회장을 역임하면서도 고등학교 3년간 모든 과목 평균 학점은 4.0 만점이다. 대안학교로 옮기기 직전의 성적과 비교하면 완전히 기적이다. 외향적이고 사회성이 많아 특별히 자신의 재능과 연결된 영상, 미디어, 마케팅 분야를 놓고 진로를 고민하다가 최종 경영학 마케팅 전공으로 대학에 지원했다. 지원한 대부분의 대학에 합격했다. 거의 모든 대학에서 성적장학금을 받았다. 그중 한 대학에서는 2억 원이 넘는 부총장 성적장학금을 받았다. 지금도 그런 현실이 잘 믿기지 않는다.

유학을 통해 꿈을 찾다

 둘째 딸과 대안학교를 함께 찾아갈 때쯤, 생각지도 않게 큰딸도 이 학교에 관심을 보였다. 자신도 공교육 학교를 그만두고 대안학교로 가고 싶다는 것이다. 당시 고등학교 2학년이던 큰딸은 성적이 아주 좋았다. 무엇보다 자신의 진로를 진작에 결정하여 매진하던 상황이라, 오히려 내가 어떻게 해야 할지 고민이 되었다.

 큰딸이 공교육을 그만두고 대안학교로 가고 싶어 한 이유는 두 가지였다. 첫째, 현재 학교에서 배우는 내용들이 너무 실제적이지 않다는 점이고, 둘째, 자신의 비전이 고대 중동 역사를 공부하는 것이었는데 한국에는 자신이 공부하고 싶은 분야를 가르쳐 줄 교수님이 없다는 것이다. 엄마와 함께 온라인으로 한국의 여러 대학교의 역사를 가르치는 교수진을 찾아 프로필을 검색해 보니 고대 중동 역사를 전공한 사람도 없고, 커리큘럼에 고대 중동 역사 부분을 집중적으로 가르치는 수업도 없었던 모양이다.

 사실 시험을 치를 때마다 경쟁이 너무 치열해서 서로를 친구가 아닌 경쟁자로 대하는 문화도 큰딸의 성향과 잘 맞지 않았다. 큰딸은 시험 기간에 친구에게 잘 가르쳐주고 함께 공부하는 것을 즐거워하는 스타일이다. 결국 유학을 가야겠다고 마음을 먹었고 공교육을 그만두고 대안학교로 전학했다. 그렇게 고등학교 2학년 2학기에 새로운 시작을 하였다.

큰딸은 역사를 전공해서 장차 전 세계 학생들에게도 올바른 역사를 가르치겠다는 꿈을 품었다. 공교육 고등학교를 자퇴하여 2학년 2학기부터 3학년 2학기까지 정확히 1년 동안 대안학교에서 유학 준비를 했다. 11개 학교에 지원하여 8개 학교에 합격했으며, 최종 일리노이 주립대학 UIUC을 선택하여 역사 전공으로 입학했다.

학교에 도착한 바로 다음 날 학교 헬스센터에서 코로나19 백신을 맞고 몸이 힘들었던 첫 주를 제외하면, 큰딸은 바로 학교생활에 적응하고 전 세계에서 온 친구들을 사귀며 자유롭게 캠퍼스 생활을 누리고 있다. 대학 3학년 때는 국제학생연합회 공동 회장으로 적극적으로 활동했다.

미국 대학 교육의 장점은 전 세계에서 온 학생들과 다양한 관점의 토론을 통해 자신의 굳어 있던 사고의 틀을 깨는 데 큰 도움이 된다는 점이다. 동아시아 수업에서는 서양 학생뿐만 아니라 중국, 홍콩, 심지어 일본에서 온 학생들과도 자신의 주장을 이야기하며 올바른 역사관을 만들어 갈 수 있다.

물론 미국 대학 교육이 정답은 아니다. 학비도 비싼 데다 만일 가르치는 교수가 서양인이라면 서양의 관점에서 식민지 정복 역사를 교묘히 합리화하는 내용이 들어갈 수도 있기 때문이다. 그러나 성인으로서 그 점이 잘못되었다면 강력히 반박하고, 그것이 왜 잘못된 것인지를 토론하는 과정을 통해 올바른 역사관이 정립될 수 있을 것이다.

실제 큰딸은 1학년 동아시아 수업에서, 일본에서 유학했던 미국인 교수가 학생들에게 제공한 자료에 동해 East Sea가 일본해 Sea of Japan라고 단독 인쇄된 것을 발견하고는 역사적인 근거를 제시하며 교수에게 잘못을 강하게 항의해 이메일로 정식 사과를 받았다. 그리고 'East Sea/Sea of Japan'이 병행 표기된 자료로 모든 학생이 시험을 치를 수 있게 했다.

하고 싶은 테마를 공부하는 장점은 그 결과에서 나온다. 역사를 좋아하고 가르치고 싶어 하는 큰딸은 내가 이 글을 쓰는 현재 기준으로 입학 후 3년 동안 평점 4.0 만점을 받았다. 역사를 워낙 좋아하여 연계 시너지 효과를 내고자 인류학을 부전공으로 공부하고 있다. 성적이 상위 20%에 들면 우등생 명단 Dean's List에 오르는데 큰딸은 단과대 전체 1등으로 이 명단에 올랐고, 성적 상위 10% 이내만 가입할 수 있다는 전미 '아카데미 아너 소사이어티'인 파이 베타 카파 회원으로도 선발되었다. 큰딸이 유학을 결정하고 지금까지 내가 직접 관여한 것은 아무것도 없다. 가끔 "이거는 어떨까?" 하고 제안을 던질 뿐이다. 모든 결정은 아이가 직접 한다.

하고 싶은 공부를 하면 누가 시키지 않아도 알아서 공부한다. 스스로 찾아서 연구하고 토론하고 발표한다. 3학년 수업을 마무리하는 시점에 큰딸은 4학년 수업을 어떤 방향으로 구성하면 좋을지, 졸업 후 대학원에 갈지 아니면 국제학교에서 역사 선생님이 될지 등을 여러 방면으로 고민하고 있다.

큰딸에게 다양한 경험을 더 할 수 있도록 여름방학을 이용해서 우리나라 국회 역사분과 혹은 유엔 역사분과에서 인턴을 해보기를 제안했다. 연계된 분야의 실제적인 환경에서 듣는 이야기는 책으로 공부하는 것과는 다른 현장감과 현실의 목소리를 들을 수 있기 때문이고, 이는 가르치거나 학자로서 연구하는 사람이 되어도 큰 도움이 될 것이라고 확신한다.

진로 특강 프로그램을
활용하라

　나는 몇 년 전부터 서울 K대학교에서 학생 대상으로 〈진로 탐색 프로그램
〉 특강을 1년에 두 번씩 진행하고 있다. 일전에 J대학교 신입생을 대상으로
진로 특강을 진행한 적이 있어, 이곳도 특강 대상이 당연히 K대학교 신입생
인 줄 알았다. 그런데 수도권 고등학생이 특강 대상이라고 하여 깜짝 놀랐
다. 대학교에서 진행하는 진로 특강에 고등학생이 온 것이다.

　이 프로그램은 수도권 내 고등학생들을 대상으로 오전에는 국내 명사들
을 초청해서 진로 특강을 진행한다. 그리고 오후에는 K대학교 출신으로 사
회 각 분야에서 활약하고 있는 동문을 강사로 초빙해서 각자 전공을 어떻
게 살려서 직업을 갖게 됐는지, 취업 준비는 어떻게 하면 되는지 등을 공유
했다. 학교 입장에서는 학교를 알릴 수 있고, 또 특강을 듣는 고등학생들의
입장에서는 자신의 진로에 대해 훨씬 더 구체적으로 파악할 수 있다는 장점
이 있다.

　개인적으로 매우 좋은 프로그램이라고 생각한다. 대학이 단순 홍보를 하

는 차원을 넘어 대학 진학을 눈앞에 둔 고등학생들을 대상으로 한 가장 실제적인 나눔이 되기 때문이다.

각각의 학교가 지닌 그 학교만의 강점인 전공을 알려주며 학교에서 이루어지는 실제적인 학업 내용을 공유하고, 그 전공을 공부하고 나서 사회에서 어떤 공헌을 할 수 있고 개인의 입장에서는 어떤 경력을 쌓을 수 있는지 등을 알린다면 고등학생들이 진로를 결정하는 데 큰 도움이 될 것이다. 당연히 학교 입장에서도 좋은 학생들을 유치할 수 있는 방법이 된다.

K대학교 〈진로 탐색 프로그램〉은 초반에는 초청받은 고등학생들이 K대학교를 찾아와 명사 특강도 듣고 학교 탐방도 하는 오프라인으로 진행됐다. 하지만 코로나19 때문에 온라인으로 진행하다 보니 지역이 넓어져, 이제는 비수도권 고등학생들을 대상으로도 진행한다. 첫 특강 때는 약 30명 정도가 참석했는데, 세 번째 특강 때는 거의 100명이 참석했다. 온라인 교육의 장점 때문이다.

나는 K대학교에 접속한 고등학생들에게 현재 우리나라의 교육 현황과 직업 그리고 최근 기술 트렌드가 어떻게 흘러가고 있고 미래에는 어떻게 될 것인지를 예측하는 내용으로 특강을 진행했다. 그리고 진학과 진로에 있어서 학교보다는 공부하고 싶은 학과를 찾아가는 것이 더 중요하다는 것과 본인의 적성에 맞는 길을 찾아가도록 도움을 주는 내용으로 구성했다.

2022년 말, K대학교 진로 특강 때는 입학처장님이 오셔서 내게 감사 인사를 했다. 이번에 K대학교에 진학한 학생이 자기소개서에 'K대학교의 진로 특강을 듣고 나의 꿈을 깊이 생각하게 됐고, 그 꿈을 이루기 위해 이 학교에 지원한다'라고 썼다며, 앞으로도 계속 진로 특강을 해달라는 요청을 했다. 진로 특강을 하는 나 역시 우리나라 청소년에게 좋은 영향력을 끼쳤다는 생각에 뿌듯함과 교육자로서 보람을 느꼈다.

출산율 저하로 대학생이 점점 줄어들고 정보의 유효 기간으로 기존 대학의 미래가 불투명해지고 있다. 우리나라에 대학교가 생긴 이래 폐교한 대학과 전문대학 수가 2021년 1월 기준으로 16개교에 이른다. 그래서 학교는 학교대로 최신 정보를 업데이트해서 가르쳐야 하고, 동시에 학교에서 배울 것이 있다는 것을 예비 대학생들에게 알려야 한다.

최근 고등학교에는 진로 선생님이 따로 있다. 중고등학교에서도 진로 탐색 시간을 갖는데 모든 고등학교에서 K대학교의 방식을 활용하면 좋겠다는 생각이다. K대학교처럼 모교 출신 사회인이 와서 후배들에게 진로와 직업에 대해 설명해 주는 시간이 있다면, 사회생활을 즐겁게 하는 선배들의 이야기들을 들으면서 본인의 꿈과 진로를 찾아갈 수 있기 때문이다.

학교가 나아갈 길은 명확하다. 학생들이 정체성과 꿈을 발견하며 동시에 지적인 수준을 올리면서 진정한 인생 진로를 찾아갈 수 있도록 돕는 역할이다. 이때 진로 특강 프로그램은 좋은 도구가 된다.

부모가 깨어야
자녀가 성장한다

진로 특강을 하고 나면 학생들은 자신을 돌아보고 먼저 꿈과 비전을 찾으려고 애를 쓴다. 그런 모습을 보면 참 기특하다. 그런데 문제는 학부모다. 자녀는 생각의 틀을 깨고 본인의 올바른 진로를 찾으려 하는데 정작 부모는 변하지 않는 옛 목표대로 자녀를 몰아간다.

자신의 적성과 재능을 따라 작가가 되고 싶은 아이에게 부모는 의사가 되라고 하고, 과외를 시키고 학원을 보내 의대에 갈 실력이 될 때까지 밀어붙인다. 아이는 자녀대로 힘들고 부모는 부모 대로 불만이 쌓인다.

청소년들에게 진로 특강을 하면서 결국 학부모가 깨어나야 가정이 행복해진다는 것을 깨달았다. 그래서 자연스럽게 학부모 특강을 추진했다. 온라인 밴드에도 학부모의 편견과 사고의 틀을 깨는 글을 올리기 시작했다. 학교, 교회, 피아노 학원 등 여러 곳을 다니며 학부모 특강을 진행했다. 요청이 오면 서울, 수도권뿐만 아니라 경상도, 전라도 등 거리와 장소 및 인원수를 가리지 않고 달려갔다. 내 나름대로는 학부모 특강이 우리나라 교육을 살리고 아이들은 숨 쉬게 하며 가정을 살리는 길이라고 믿기 때문이다. 학부모의 생각이 바뀌면 이런 일들이 일어난다.

첫째, 자녀에게 점수를 강요하지 않는다.
둘째, 자녀의 장점을 찾는 관찰을 시작한다.
셋째, 자녀의 적성에 맞는 전공을 가이드한다.
넷째, 학부모는 자녀의 행복만을 위해 자녀의 진로 결정을 돕는다.
다섯째, 학부모 자신들의 잃었던 꿈을 생각한다. 가정이 행복해진다.
여섯째, 가족이 함께 여행을 다니고 박물관을 다니며 다양한 경험을 한다.
일곱째, 삶의 시간이 가족 중심으로 바뀌고, 자녀를 위해 진심으로 기도한다.
가정이 살아나고 자녀가 행복한 삶을 살게 된다.

언젠가 기회가 되면 가족이 함께 참여하는 1박2일이나 2박3일짜리 '가족 비전캠프'를 진행하고 싶다. 가정 내에서도 바쁜 일상 때문에 부모와 자녀가 서로 대화할 기회가 많지 않고, 설령 있다고 해도 어색함 때문에 깊이 있는 대화를 하지 못하는 경우가 허다하다. 함께 바비큐를 하고 모닥불을 피워 놓고 속내를 이야기하는 시간만으로도 가정은 바뀐다. 가족 비전캠프를 통해 부모는 자녀를 알고, 자녀는 부모님을 이해하는 시간이 필요하다.

학부모도 알고 보면 시대의 피해자다. 사실 부모님들도 중고교 시절 꿈도 있고, 하고 싶은 것도 많았을 것이다. 하지만 앞만 보고 달려가야만 했던 시대 상황 속에서, 부모가 되면서 가족을 위해 자신의 것을 내려놓고 바쁘게 살다 보니 자녀에 대해 잘 모르게 된 것뿐이다. 최선을 다했지만 교육 전문가가 아니다 보니 그동안 사회에서 경험하고 여기저기서 들었던 단편적인 지식을 바탕으로 우리를 가이드했을 뿐이다.

2014년 12월 18일 교육방송국에서 우리나라의 한 예술고등학교에서 학생들을 대상으로 〈청소년 꿈을 스케치하다〉라는 프로그램을 진행했는데 '죽기 전에 꼭 해보고 싶은 당신의 꿈은 무엇인가요?'라는 질문을 아이들에게 던졌다. 학생들은 '아이돌 가수 데뷔하기', '학교 운동장에 농사짓기', '먹고 싶은 치킨 마음껏 먹기', '롤스로이스 자동차 사기' 등을 답했다. 그리고 두 번째 질문을 던졌다. '앞으로 5년밖에 살 수 없다면 꿈과 5억 원 중 무엇을 선택할 것인가요?' 학생들은 이 질문에 100% 꿈을 선택했다. 남은 5년 동안 하고 싶은 일을 실컷 하겠다고 답변했다. 이때 교실의 등이 꺼지고 미리 촬영한 아버지들의 영상이 스크린에 나타난다.

영상 속 아버지들에게도 동일하게 질문했다. '죽기 전에 꼭 해보고 싶은 당신의 꿈은 무엇인가요?'라는 질문에 한 아버지는 "아들과 둘이 배낭여행을 해보고 싶어요. 일이 바빠 늘 미안했는데 꼭 해보고 싶어요"라고 했고, 한 아버지는 "우리 아들이 그렇게 좋아하는데 조그만 극장이라도 하나 해주고 싶어요"라고 답했다. 어떤 아버지는 오랫동안 못 만나본 친구들을 만나고 싶다고 했다.

두 번째 질문이 아버지들에게 던져졌다. '앞으로 5년밖에 살 수 없다면 꿈을 이루는 것과 5억 원 중 무엇을 선택할 것인가요?' 아버지들은 한 명도 빼놓지 않고 5억 원을 선택했다. 모두가 자신의 꿈을 포기했다. 왜 자신의 꿈을 포기하고 돈을 선택했느냐는 질문에 대한 한 아버지의 멘트다.

"내가 5년 동안 5억 원을 더 벌 수 있을까요? 내가 죽으면 그 돈이 우리 아이들 사회생활을 할 수 있는 밑천이라도 되겠지요. 왜냐하면 저는 아빠이고 가장이니까요."

이 땅의 모든 아빠, 엄마들은 다 똑같다. 자신과 자녀의 꿈 중에 선택해야 한다면 누구나 다 자녀의 꿈이 이루어지기를 선택한다. 그러나 정해진 짧은 시간밖에 없는 조건에서 하나를 선택해야 하는 위와 같은 특수한 조건이 아니라면, 자녀가 꿈을 꾸고 이루기를 원한다면, 부모가 먼저 꿈을 꾸고 그 꿈을 이루어 나가는 모습을 자녀에게 보여 주어야 한다고 생각한다.

K대학교 겸임교수로 있는 지인이 학부모를 대상으로 '어머니 챌린지데이'라는 프로그램을 진행했더니 반응이 뜨거웠다고 했다. 챌린지데이는 중고등학교 청소년들의 잠자고 있는 꿈과 비전을 깨우고 끄집어내는 프로그램이다. 지인이 개발하고 발전시켜 한 교회 중고등부에서 적용하여 진행해 왔는데 최근 서울의 한 대형 교회에서 어머니를 대상으로 적용한 결과 큰 호응이 있었다. 어머니의 마음이 열리자 자녀와의 대화로 이어지고 자녀의 꿈과 비전을 이룰 수 있도록 가정적 지원이 이루어지는 열매를 만들어 냈다.

교육자로서 또 학부모로서 부모와 자녀의 각각 강점을 발견하고 오랜만에 도시와 학원을 떠나 자연을 즐기며 마음의 여유와 행복을 느끼는 그런 프로그램의 필요성을 절실히 느낀다. 분명 가정이 살아날 것이다. 자녀가 부모의 사랑을 받고 있다는 것을 깨닫게 될 것이고, 부모는 자녀에게 이해받는다는 것을 알게 될 것이다. 이를 통해 궁극적으로 자녀는 자신의 꿈과 비전을 찾는 발판을 삼을 것이며, 부모는 자녀 미래를 위한 강력한 지원자가 될 것이라고 믿는다.

부모의 마음속에 있던 꿈과 자녀의 꿈은 내용이 같지는 않겠지만, 그 감추어져 있던 것들이 같은 시기에 드러나는 순간 서로에게 시너지 효과를 주는 것은 분명하다. 그러므로 학부모를 깨워야 한다. 학부모가 먼저 깨어나야 자녀들의 진짜 꿈과 비전이 제대로 이루어진다.

열심히 꿈꾼 당신 떠나라!

오래전 카드회사 광고 문구에 '열심히 일한 당신 떠나라!'라는 것이 있었다. 일에 지친 회사원에게 갑자기 '열심히 일한 당신 떠나라'라는 말이 들린다. 장면이 바뀌며 오픈카를 타고 여행을 떠나는 장면이 나오고 이어서 카드 한 장이 등장한다. 이 광고 문구가 대히트를 쳐서 여기저기에서 너도나도 응용을 많이 했다. "열심히 공부한 당신 학원을 떠나라!", "열심히 잠을 잔 당신 침대를 떠나라!"

여행은 고정된 사고의 틀에 갇힌 사람들의 삶에 신선한 생각을 불어넣는다. 회사의 일에 지친 사람들에게 머리를 식히게 해주고 좋은 아이디어가 떠오르지 않는 사람들에게 창의적인 번뜩임을 선사한다. 늘 똑같이 보던 같은 사람들, 같은 사물들, 같은 환경들로부터 떠오를 수 있는 똑같은 생각이 아닌 새로운 사람과 사물들, 환경으로부터 새로운 아이디어를 얻게 해준다.

그래서 우리는 자주 떠나야 한다. 기회가 될 때마다 떠나야 한다. 안 가본 곳으로 가 보고 안 만나본 사람들을 만나보고 새로운 환경 속으로 나를 던져 넣어야 한다. 지금 있는 곳에 그대로 머무르지 말아야 한다. 떠나라는 것이 꼭 여행만을 의미하는 것은 아니다. 때로는 행복하지 않은 현실에서 자신이 꿈꾸는 것을 향해, 때로는 공부에 지친 머리를 식히기 위해, 때로는 자신의 매너리즘에서 벗어나기 위해 떠나야 한다. 용기를 내야 한다. 한발을 떼야 한다.

맹자의 어머니는 맹자의 교육을 위해 세 번 이사했다. 시장통에 살 때 맹자는 장사하는 놀이를 했고, 묘지 옆에 살 때는 장례를 치르는 놀이를 하더니 서당 옆으로 이사하니 공부했다는 얘기는 너무나 유명하다. 인간은 환경의 영향을 받는다. 적성과 자신의 열정에 따라 달라지기는 하지만 대개 학교 선생님이 많은 집안에서 자란 아이는 본인도 선생님이 되고 싶어 하고, 의사가 많은 집안에서 자란 아이는 의사가 되고 싶어 하며, 군인이 많은 집안에서 자란 아이는 군인이 되고 싶어 한다. 그게 익숙하기 때문이다.

맹자의 어머니는 자식이 공부로 출세하기를 바라서 서당 옆으로 이사를 했지만, 사업을 잘하는 성격이라면 돈도 많이 벌고 회사의 CEO가 되어 사회적으로도 존경받는 사람이 될 테니, 지금은 장사가 문제 될 것이 없다.

그런데 왜 꼭 떠나야 하는가? 그것은 우리의 삶이 너무나 바쁘고 복잡해서 떠나야 비로소 보이기 때문이다. 익숙하면 새로운 것이 보이지 않는다. 편안하면 도전하지 않는다.

나 역시 그랬다. 입사 이래 한 회사에서 20년 가까이 쉬지 않고 일을 하다 보니 그 속에 매몰되어 나 자신이 보이지 않았다. 휴직하고서야 비로소 자신을 돌아볼 수 있었다. 휴직은 나에게 쉼이었고, 여행이었으며, 겨울을 뚫고 나오는 새싹이었다. 국내외를 여행하면서 답답한 내면에 새로운 공기가 불어 넣어졌고, 눈이 열리고 귀가 열렸으며 새로운 사람을 만나며 새로운 길이 열렸다.

　내 인생의 길이 안 보여서 답답한 상태라면 잠시 쉼표를 찍을 때이다. 지금 걸어가고 있는 길에서 잠시 멈출 시간이다. 여행을 할 시간이다. 바로 나를 찾는 여행이 필요한 때다.

"오랫동안 꿈을 그리는 사람은
마침내 그 꿈을 닮아간다."

— 앙드레 말로 Andre Malraux —

부록

꿈과 진로 Q&A
〈꿈찾아〉 프로젝트

코치님, 질문 있습니다!

J대학교에서 1학년 신입생을 대상으로 〈꿈을 찾아서〉라는 프로그램의 진로 특강을 할 때, 특강 후 Q&A 시간에 학생들로부터 직업 선택 관련 질문을 받았다. 대학생을 대상으로 한 답변이었지만 청소년에게도 많은 도움이 될 질문과 답변을 몇 가지 선별해 소개한다.

Q **'좋아하는 일'과 '잘하는 일' 중 어떤 것을 직업으로 선택해야 하나요?**

A 당연히 좋아하는 일을 선택해야 합니다. 좋아하지 않은 일이라도 반복해서 하다 보면 익숙해지면서 잘할 수 있지요. 문제는 잘하면 좋아한다고 착각한다는 점입니다. 좋아하지 않는 일을 반복을 통해 잘하게 되었지만 만일 업무가 조금 바뀌어 다시 못 하게 되면 정신적으로 큰 스트레스를 받게 됩니다. 익숙해서 잘하는 일은 좋아해서 잘하는 일과 근본적으로 다르답니다.

좋아하는 일이라도 익숙하지 않으면 처음에는 잘 못할 수 있습니다. 하지만 그 일이 좋아하는 일이면 누가 시키지 않아도 스스로 찾아서 하게 됩니다. 남들이 2시간 일할 때 10시간을 일합니다. 처음에는 익숙하지 않아 서툴지만 금세 따라잡는 식입니다. 남들이 시킨 것만 소극적으로 할 때 시키지 않은 것까지 적극적으로 하게 됩니다. 직장과 부서가 바뀌어도 바로 적응한답니다. 무엇보다 정신적인 스트레스가 없습니다.

ⓠ '현실적으로 안정적인 직업'과 '자신이 원하지만 불안정한 직업' 중 어느 쪽을 선택해야 하나요?

🅐 가장 좋은 것은 현실적으로 먹고살 수 있으면서 하고 싶은 일이겠지요. 만일 둘 중에서 하나를 골라야만 한다면 내 답변은 결혼 여부에 따라 달라질 것 같습니다. 결혼하지 않았다면 '이것저것 따지지 말고 자신이 원하는 직업에 도전해 보라'고 말하고 싶습니다. 진짜 좋아한다면 수입이 적어도 일 자체로 행복할 테니까요. 진짜 좋아하는 일을 하면서 생활비를 충당하기 위해 투잡을 뛰는 분도 많이 보았습니다. 많이 유명하지 않은 종목의 국가대표 선수가 운동을 하기 위해 생활비를 위한 아르바이트를 한다는 뉴스를 본 적 있습니다. 자신이 좋아하는 종목을 이야기할 때 그 선수의 얼굴은 정말 환했습니다.

하지만 이미 결혼했다면 그리고 아이가 생겼다면, 가정을 유지할 수 있는 직업을 선택해야겠지요. 그 대신 자신의 꿈은 포기하지 말고 계속 가지고 살라고 권하고 싶습니다. 사람은 언젠가 시간적, 경제적 여유가 생기면 늦더라도 반드시 자신의 꿈을 실천하기 때문입니다.

Q 좋은 직장의 기준은 무엇인가요?

A '직장에 대해 어떤 가치를 두느냐'에 따라 달라집니다. 예를 들어, 연봉을 좋은 직장의 기준으로 삼으면 연봉을 많이 줄수록 좋은 직장일 것이고, 내 재능을 살릴 수 있는 직장에 가치를 두면 재능을 마음껏 발휘할 수 있는 직장이 좋은 직장일 것입니다. 먼저 직장에 대해 내가 어떤 가치를 두고 고를 것인가에 대해 스스로 질문해 봐야 합니다.

대개 대기업이 연봉도 많고 사원 복지도 잘 돼 있어서 좋은 직장이라고 말하지만, 그렇다고 해서 대기업이 반드시 내 재능을 살릴 수 있는 곳이라고 말하기는 어렵습니다. 조직이 워낙 크다 보니 직원 한 사람이 모든 것을 다 맡아서 일하는 구조가 아니어서, 막상 퇴사하는 시점이 되면 아주 구체적인 한두 가지 일 외에 전체를 보는 시각이 없는 경우가 많습니다. 가치는 사람마다 다르고 무엇보다 '내가 행복하게 일할 수 있는 곳'이 좋은 직장입니다.

Q 코치님이 생각하는 직업이란 무엇인가요?

A 저는 좋아하는 일이 직업이 되어야 한다고 생각합니다. 진짜 좋아하는 취미에 관해서 그 분야의 전문가 수준까지 가는 분들도 많습니다. 좋아하는 분야가 업業이 되면 그야말로 금상첨화이며, 최고의 직업이 될 수 있습니다. 그렇게 되면 일하는 그 순간이 행복할 수밖에 없고, 결과적으로 최고의 열매를 양산하게 되지요. 물론 어려운 일이 생길 수도 있습니다. 하지만 좋아하는 일이라면 어렵지 않게 극복할 수 있다고 생각합니다.

직업은 직장보다는 직무가 더 중요하다고 생각합니다. 예를 들어, 대기업에 다니는데 일이 나에게 맞지 않아 스트레스를 받는 경우와 중소기업에 다니는데 일이 나에게 딱 맞아서 즐겁게 다닌다면 어느 쪽이 좋은 곳일까요? 직무는 내가 하는 일이기 때문에 직장이 바뀌어도 스트레스를 받지 않습니다. 자신이 만일 분석하고 기획하는 일을 좋아한다면, 삼성에 다니면서 기획 업무를 하나 개인 사업을 하면서 기획 업무를 하나 업무의 테마가 바뀌었을 뿐 방식은 동일하기 때문에 문제가 전혀 없습니다. 그러나 아무리 직장이 유명하고 월급이 많아도 일이 맞지 않으면 스트레스로 결국 병원비만 늘어날 수 있습니다.

ⓠ 꿈을 현실적으로 갖는 것이 좋을까요?

Ⓐ 꿈은 말 그대로 꿈입니다. 그래서 크게 갖을수록 좋다고 생각합니다. 사람은 현실을 기준으로 꿈을 꾸면 자신의 현재 상황에 맞게끔 꿈을 제한하려 합니다. 현재를 기준으로 계산해서 누구든지 쉽게 달성할 수 있는 것을 꿈이라고 말할 수 있을까요? 꿈은 크게 가져야, 목표에 근접하게 됐을 때 큰 열매를 얻을 수 있습니다. 그렇다고 자신의 성격이나 스타일을 무시한 채 그저 꿈만 크게 갖는 것은 전혀 도움이 되지 않습니다. 예를 들어, 평소에 운동을 전혀 하지 않으면서 손흥민처럼 세계적인 축구선수로 많은 돈을 벌겠다는 꿈을 꾸는 것은 그냥 꿈일 뿐이지요. 축구라면 자다가도 벌떡 일어나는 사람도 세계적인 축구선수가 되기가 쉽지 않습니다. 그러나 이런 사람은 그 목표가 자신을 이끄는 원동력이 되어 목표를 달성할 가능성이 높다고 생각합니다.

예전 유명한 야구선수가 공을 쥐는 느낌을 항상 느끼려고 잘 때도 야구공을 손에 쥐고 잤다는 일화가 있습니다. 가장 먼저 '내가 무엇을 좋아하는지', '어떤 일을 하고 싶은지'를 발견하는 것이 중요합니다. 그리고 그 후에 최고로 큰 꿈을 꾸면 되지요. 그러면 그 꿈을 이루고 싶어서 누가 시키지 않아도 남들보다 먼저 1만 시간 동안 연습하고 훈련하게 될 것입니다.

Q 꿈을 찾고 있는 학생들에게 한 말씀 해주세요.

A 4차 산업혁명 시대를 사는 우리 청년들에게 이제 대학 브랜드는 큰 의미가 없는 시대가 되었습니다. 대학 졸업장이 없어도 자신이 좋아하는 일을 하며 유튜브를 찍는 1인 유튜버들이 대기업 연봉의 10배, 20배를 버는 시대입니다. 대학 졸업 전까지는 먼저 자신을 찾는 시간으로 적극 활용해 보세요. 최대한 다양한 경험을 통해 자신이 어떠한 사람인지 발견하는 데 집중하고, 독서를 통해 생각하는 힘을 기르며 세상 돌아가는 것에 관심을 기울여 보세요. 그렇게 찾은 자신의 진짜 직업은 인생을 행복하게 만들어 줍니다. 현재가 행복하지 않으면 나이가 들어서도 결국 다시 행복을 찾아가는 것이 사람의 속성이랍니다.

꿈을 찾아 한 걸음 내딛자!

아이들에게 꿈을 찾아 주려고 실제로 여러 가지 도전을 해보았다. 그중에서 가장 효과가 좋았던 것들 12가지를 정리해서 이곳에 소개한다. '10년 뒤 나의 명함 만들기'나 '꿈 지도 만들기'는 딸의 친구들은 물론 입소문이 나면서 기업체, 교회 등에서 여러 차례 진행했다. 여기에서 소개하는 12가지 프로젝트를 하나씩 진행해 보면 꿈을 찾는 데 많은 도움이 될 것이다.

1. 〈10년 후 미래 직업〉 프로젝트

★ **대상:** 전 연령

★ **기대 효과:** 현재 자신에 대한 인지 및 미래에 대한 성찰, 직업의 종류에 대해 자신이 어느 정도 하는지를 파악할 수 있다. 사회 트렌드, 직업 및 미래에 대한 관심이 상승하고, 미래 직업에 대한 체계적이고 현실적인 준비를 하게 한다.

1. A4용지와 필기도구를 준비한다.

2. 자신이 아는 주요 직업을 20~30개 정도 적는다.

3. 작성한 직업 중 10년 후에도 유망할 것이라 생각하는 직업에 동그라미 표시를 한다.

4. 작성한 직업 중 10년 후에 사라질 것 같은 직업에 세모 표시를 한다.

5. 현재는 없지만 10년 후에 새로 생길 것 같은 직업은 무엇인지 적는다.

6. 3~5번을 왜 그렇게 선택했는지 이유를 발표한다.

7. 자신이 고른 10년 후 미래에 유망할 직업 및 새로 생길 직업과 다른 사람들이 고른 직업 중 공통되는 직업을 찾는다.

8. 공통이 되는 직업을 가지려면 현재 무엇을 준비해야 하는지 함께 토론해서 정리한다.

9. 정리된 내용을 바탕으로 그 직업에 마음이 간다면 자신에게 접목하여 적용한다.

10. 시간을 역산해서 무엇을 준비해야 할지 계획을 짠다.

2. 〈한 달 살기〉 가족 프로젝트

★ **대상:** 가족

★ **일정:** 한 달

★ **기대 효과:** 계획 및 실현성을 상승시키고, 설득을 통한 협상 능력이 향상된다. 정보 검색 능력과 가족 간 친밀도가 상승되며, 유튜버로 활동하거나 에세이 출간이 가능하다.

1. 가족이 함께 한 달 살기 지역을 정한다.

   (해외 한 달 살기를 할 거라면 먼저 집에서 먼 지방이나 제주도에서 실험해 본다.)

2. 장소를 정하는 사람은 왜 그곳이어야 하는지를 설명한다. 반대하는 사람은 반대하는 이유를 설명한다.

3. 지역이 정해지면 그곳에서 한 달 살기를 하면서 무엇을 할지 정한다. 개인별로 다를 수도 있다. 한 달 살기를 하면서 유튜버로서 동영상을 찍는다거나 아니면 한 달 살기 후에 에세이를 출간한다거나 한 달 살기 지역의 모든 박물관을 다녀 보는 등의 활동으로 교육 효과를 극대화한다.

4. 지역을 정하면 정보 수집 업무를 배분한다. 예를 들면 숙소는 엄마, 식당은 딸, 항공은 아빠, 방문지와 액티비티는 아들 이런 식으로 나누어 정보 수집을 한다.

5. 정보는 인터넷, 유튜브, 책 등 모든 자원을 활용한다.

6. 결정되었으면 예약을 진행하고, 디데이를 표시한다.

7. 한 달 살기가 끝날 무렵, 현지에서 평가한다. 평가표는 아래와 같이 작성한다.

   (1) 한 달 살기를 통해 무엇을 배웠는가?

   (2) 무엇이 아쉬웠는가?

   (3) 목적을 달성했는가?

   (4) 같은 장소로 다시 한번 한 달 살기를 한다면 그때는 무엇을 하겠는가?

8. 평가를 바탕으로 다음 한 달 살기를 어디에서 할지 아니면 그만둘지 등을 정한다.

9. 한 달 살기를 다녀와서 사전에 정했던 것을 추진한다.

3. 〈장래 희망〉 프로젝트

★ **대상:** 초등학생 고학년, 중학생, 고등학생

★ **기대 효과:** 자신의 장래 희망에 대한 성찰이 이루어진다. 한 가지가 아닌 여러 가지 장래 희망을 생각하여 실현 가능성을 높인다. 경청 능력, 질문 및 발표력이 좋아지며, 장래 희망을 이루기 위한 실질적인 계획을 작성하여 실천한다.

진행 방법

1. A4용지와 필기도구를 준비한다.

2. 사람이 많을 경우, 3~4명씩 조를 나눈다.

2. 장래 희망을 1~3순위로 나누어 적는다.

3. 장래 희망을 정한 이유를 발표한다.

4. 듣는 사람들은 발표하는 사람에게 그 장래 희망을 어떻게 준비할 것인지 질문한다. 이 질문과 답변 시간은 아래와 같은 교육 효과가 있다.

   (1) 발표자는 미처 생각하지 못한 질문에 답변하면서 한 번 더 생각한다.

   (2) 답변하지 못한 부분에 대해서는 더 구체적으로 준비할 수 있게 된다.

   (3) 다른 사람의 질문을 통해 새로운 관점을 배울 수 있다.

5. 조별 발표를 끝내면, 그중에서 가장 뛰어나다고 생각하는 한 명을 고른다.

6. 각 조의 대표로 전체 참가자 앞에서 자신의 장래 희망과 준비 계획을 발표한다.

7. 장래 희망과 준비 계획이 가장 현실적으로 잘 매치되는 사람을 정하여 시상한다.

8. 구체적인 스케줄 표를 만들어 개별 실행한다.

4. 〈나는 누구인가〉 프로젝트

★ **대상:** 전 연령

★ **기대 효과:** 자신에 대한 깊은 성찰이 가능하다. 현실과 꿈 사이의 실제 차이를 명확하게 인지한다. 자신의 꿈을 찾아 인생을 구체적으로 설계한다.

진행 방법

1. A4용지를 반으로 접어 생긴 4개의 칸에, 각각 아래 4개 질문에 대한 자신의 의견을 적는다.

    (1) 무엇을 좋아하는가?

    (2) 무엇을 하며 살고 싶은가?

    (3) 언제 가장 행복한가?

    (4) 진짜 원하는 것은 무엇인가?

2. 각 질문당 5분씩 20분간 적는다.

3. 왜 그런 답을 했는지 한 명씩 발표한다.

4. 두 번째 A4용지를 나눠 주고, 현재 나의 삶과 내가 진짜 원하는 삶과의 차이를 적고 왜 그런 차이가 나는지 발표한다.

5. 현실과 꿈 사이의 차이점을 통해 자신의 강점과 약점을 적어 본다.

6. 현재 자신의 모습 그대로를 인정하고 그 차이를 앞으로 어떻게 줄여 나갈지에 대한 방법을 발표한다.

7. 듣는 사람은 발표자에게 궁금한 것을 질문하고 발표자는 답변한다. Q&A 시간을 통해 발표한 내용을 더욱 구체화시킬 수 있다.

---

5. 〈꿈을 찾는 친구 관찰〉 프로젝트

★ **대상:** 중학생, 고등학생

★ **일정:** 일주일/보름/한달

★ **기대 효과:** 몰랐던 자신의 장단점을 알게 된다. 관찰력이 키워지고 친구에 대해 잘 알게 된다. 친구 관찰 방법이 가족 관찰 방법으로 연결될 수 있으며, 학습 몰입 효과를 가져온다.

(진행 방법)

1. 자주 만나는 가장 친한 친구 세 명이 모인다.

2. 관찰 노트를 세 권 준비한다.

3. 일주일(보름/한 달) 동안 친구를 관찰해 달라고 요청한다. 기간은 적절히 정한 다. 친구들을 A, B, C라고 한다면, 관찰 대상은 A→B, B→C, C→A로 한다.

4. 관찰 내용은 다음과 같이 한다.

    (1) 평소에 좋아하고 관심 있게 말하는 표현과 분야

    (2) 가장 행복한 표정을 짓는 상황

    (3) 무의식 중에 자연스럽게 하는 말이나 행동

5. 일주일(보름/한 달) 뒤에 셋이 모여서 관찰 결과를 공유한다.

6. 관찰자는 대상자에 대한 세 가지 관찰 결과를 발표하고, 관찰자 입장에서 강점 을 찾아준다.

7. 관찰자는 관찰 결과를 기준으로 대상자에게 어떤 분야가 잘 맞을 것 같은지 말 해 준다.

8. 가능하다면 대상자의 강점과 연계된 분야와 직업을 친구들이 함께 골라본다.

9. 우선 그 길을 1차 목표로 삼고 추진한다. 진로는 앞으로도 바뀔 수 있지만, 대개는 그 길이 자신의 궁극적인 꿈과 연계될 가능성이 매우 높다.

6. 〈인생 버킷 리스트〉 프로젝트

★ **대상:** 전 연령

★ **기대 효과:** 자신의 인생에 대한 꿈과 비전을 성찰하고, 하지 않으면 후회할 것들을 생각하게 된다. 목표 실현을 위해 도전한다.

(진행 방법)

1. A4용지와 필기도구를 준비한다.

2. 30분간 인생의 버킷 리스트를 작성한다.

3. 작성한 리스트는 우선순위를 정해 재배열한다.

4. 버킷 리스트를 표로 만든다. 각각 목표하는 시기를 적고 확인란을 만든다.

5. 작성한 사람들은 자신의 버킷 리스트를 발표한다.

6. 다른 사람들은 발표자의 버킷 리스트를 어떻게 준비할 것인지 등 관련 질문을 한다. (발표자는 답변하면서 생각을 구체화할 수 있다.)

7. 표의 가장 오른쪽에 '스케줄'란을 두고 역산해서 어떻게 준비할지 적는다.

8. 자신이 만든 버킷 리스트는 자신의 동선에서 가장 잘 보이는 장소에 붙여 놓는다.

9. 우선순위대로 실천한다.

7. <24시간 테마 몰입> 프로젝트

★ **대상:** 본인

★ **기대 효과:** 한 가지에 집중하는 능력을 키운다. 자신에게 가장 가치 있는 테마를 고르는 분별력이 생기며, 자신이 정말 좋아하는 것이 무엇인지 파악할 수 있다.

(진행 방법)

1. 하루 24시간 동안 집중할 테마를 정한다.

2. 이날 하루는 오로지 정한 테마와 관련된 것만 한다. 예를 들어 테마를 '영국'이라고 잡았다면, 다음과 같이 행동한다.

   (1) 식사도 영국식으로만!

   (2) 드라마나 영화 보기도 영국 드라마나 영국 영화로만!

   (3) 책도 영국과 관련된 책으로만!

   (4) 영어를 할 수 있다면 대화도 영어로만, 한국말로 할 경우에는 영국 관련 이야기로만!

3. 하루를 마감하며 오늘 하루 어떤 것을 했고 만족했는지 정리한다.

4. 만일 행복감이나 만족감이 없었다면, 다음에는 테마를 바꿔 본다.

5. 이 프로젝트가 재미있었다면, 같은 테마로 한 번 더 시도해 본다. 여러 번 해도 계속 재미있고 끌린다면 그 테마가 자신의 꿈과 연결된 것일 가능성이 높다.

6. 48시간, 72시간 몰입 프로젝트로 확산하여 적용해 본다.

8. <꿈 지도 만들기> 프로젝트

★ **대상:** 전 연령

★ **기대 효과:** 구체적인 목표를 시각화하여 평소에 자신의 꿈을 스스로 일깨운다. 날마다 자신의 목표를 읽으며, 목표를 달성하려고 행동한다.

진행 방법

1. A4용지에 각자 새해에 이루고자 하는 목표와 비전을 10개 적는다.

2. 뒷장에는 5년 후 이루고 싶은 꿈을 3~5가지 적는다.

3. 새해 꿈 리스트를 우선순위대로 재배열하고, 그중 상위 5가지만 추린다.

4. 스케치북 크기의 도화지 가운데에 자신의 사진 또는 그림을 붙이고 이름을 적는다.

5. 자신의 새해 목표를 글로 적거나 관련된 사진을 붙여서 시각화한다. 이때 잡지나 신문, 지도, 사진 등을 오려 붙이면 훨씬 효과적이다.

6. 5년 후 이룰 꿈도 같은 방법으로 만든다.

7. 각자 새해 및 5년 후 꿈을 발표한다.

8. 발표할 때 '나는 이 꿈들을 이룰 것이다'라는 미래 시제가 아니라, '나는 올해 이 꿈들을 이루었다'라고 과거 시제로 선포한다.

9. 듣는 사람은 발표자에게 질문할 수 있다. 질문을 받으면 발표자는 답변하며 자신의 꿈을 구체화할 수 있다.

10. '꿈 지도'를 잘 보이는 곳에 붙여서 1년 동안 아침마다 보면서 선포한다.

11. 그 꿈들을 달성하기 위해 행동하고 실천한다.

9. <꿈의 나비 효과> 프로젝트

★ **대상:** 전 연령

★ **기대 효과:** 목표를 작은 것부터 큰 것까지 구분하여 실행력을 높인다. 자신의 꿈을 실현할 방법을 구체적으로 찾는다.

진행 방법

1. A4용지와 필기도구를 준비한다.

2. 용지의 가장 위에 '꿈의 나비 효과'라고 쓰고, 그 아래에 자신의 꿈을 적는다.

3. 그 꿈을 이루기 위한 10단계를 큰 것부터 작은 것 순으로 ↑ 화살표를 사용하여 작성한다. 예를 들어 중학생의 꿈이 메이저리그 야구선수라면 오른쪽과 같이 적어볼 수 있다.

4. 각 단계 옆에는 언제까지 이룬다는 도전 목표 일정을 적는다.

5. 벽에 붙여 놓고 가장 낮은 단계인 1단계부터 실천한다.

6. 달성이 되면 확인란에 V 표를 하고 다음 단계로 넘어간다.

단계	목표 일정	확인
≫ 10단계 메이저리그 야구선수 되기 ↑ ≫ 9단계 국내 프로야구선수 되기 ↑ ≫ 8단계 대학 야구선수 되기 ↑ ≫ 7단계 고교 야구선수 되기 ↑ ≫ 6단계 지역 아마 야구단 입단 ↑ ≫ 5단계 시속 120km 이상 공 던지기 ↑ ≫ 4단계 100미터 13초로 뛰기 ↑ ≫ 3단계 체력 단련하기 ↑ ≫ 2단계 야구 이론 마스터하기 ↑ ≫ 1단계 국내 프로야구선수 프로필 외우기		

10. <10년 뒤 나의 명함 만들기> 프로젝트

★ **대상:** 초등학생 고학년, 중학생, 고등학생

★ **기대 효과:** 미래 명함을 통해 자신의 꿈을 실현시키려는 마음을 지속하게 된다. 사람들에게 자신의 미래 명함을 주면서 꿈이 공론화되어 미래의 꿈을 포기하지 않게 된다.

⟮ 진행 방법 ⟯

1. A4용지에 자신의 꿈을 쓴다.

2. 그 꿈으로 10년 뒤 내가 어떤 일(직업)을 하고 있을지를 적는다. 꿈이 여러 개일 경우 명함을 여러 개 만들 수 있다.

3. 두꺼운 도화지를 명함 크기로 자른다.

4. 자신이 꿈꾸는 10년 후 직업이나 역할에 맞는 이미지를 넣거나 글자를 명함에 작성한다.(10년 뒤 수의사가 꿈이라면 명함 왼편에는 수의사 이미지나 사진을 그리거나 붙여 넣고 그 밑에 '수의사 김OO'라고 적으면 된다.)

5. 명함을 10매 정도 만든다.

6. 제작한 명함을 부모님, 선생님, 친한 친구 등에게 나눠 주면서 10년 뒤 자신의 명함을 미리 준다고 말하고 자신의 꿈이 이루어지도록 지지해 달라고 요청한다.

7. 본인의 10년 뒤 명함은 지갑에 늘 넣고 다니고 자주 꺼내 보면서 꿈을 되새긴다.

11. 〈감사 일기〉 프로젝트

★ **대상:** 가족

★ **기대 효과:** 하루 중 감사 제목을 찾는 관점이 생긴다. 힘든 일이 있는 날에도 감사 제목을 찾게 된다. 인생 성장 자료가 남으며, 항상 감사하는 마음을 갖고 성품이 온화해진다.

진행 방법

1. 가족 수에 맞게 노트를 준비한다.
2. 기한을 정해 놓고 매일 저녁 가족이 둘러앉아 감사 일기를 작성한다.
3. 감사는 반드시 매일 세 가지 이상 작성한다.
4. 기한이 다 되면 가족은 그동안 무엇을 감사했는지, 감사 일기를 통해서 무엇을 얻었는지 서로 나눈다.
5. 1차 감사 일기 프로젝트가 성공적으로 마무리되면, 2차 감사 일기 프로젝트로 연장한다.
6. 감사 일기를 영어로 작성하면 영어 쓰기 능력이 향상된다.
   (영어를 잘하는 분의 도움을 받아서 점검받는다.)
7. 감사 일기 프로젝트는 가족별로 돌아가며 차수별 진행자를 정해서 안 쓰는 일이 없도록 독려하고, 끝까지 완성한 경우 선물을 주거나 중간에 포기할 경우 벌칙을 두어 모든 구성원이 성공하도록 유도한다.
8. 감사 일기를 1년간 추진한 후에는 인생 성장을 위한 자료로 남긴다.

12. 〈꿈에 맞는 직업 선택 십계명〉 프로젝트

★ **대상:** 중학생, 고등학생

★ **기대 효과:** 자신의 꿈과 직업을 연계하여 생각한다. 직업 선택의 기준을 정하여 자신이 정한 기준에 맞는 직업을 선택하게 한다.

진행 방법

1. A4용지와 필기도구를 준비한다.

2. 자신의 꿈을 작성한다.

3. 자신의 꿈에 맞는 직업을 구한다고 가정하고, 어떤 기준으로 직업을 선택할지에 대한 나만의 직업 선택 십계명을 작성한다.

4. 반드시 자신만의 솔직한 기준을 작성한다.

5. 작성한 내 꿈에 맞는 직업 선택 십계명은 자신의 방문에 붙여 놓고 매일 읽어 본다.

6. 내 기준에 맞지 않는 직업은 조건이 아무리 좋아도 과감히 패스한다.

에필로그

현실에서 꿈대로 사는 게 어디 쉽냐고 말하는 사람들이 많다. 틀린 말은 아니다. 그러나 우리 주변에는 확실히 꿈대로 사는 사람들이 있다. 그들의 공통점은 삶이 행복하다는 것이다. 그들의 얼굴에는 자신감이 넘치고 환한 미소와 행복이 있다. 몸이 힘들어도 힘든지 모르겠다고 말한다.

현실에 순응하면 꿈은 뒷전이 된다. 자신이 진짜 하고 싶은 일을 선택하지 못한 어른들은, 비록 돈을 많이 벌었어도 뭔가 모를 허전함, 뭔가 빠진 것 같은 아쉬움이 얼굴에 묻어난다. 대개 이런 사람들은 이렇게 말한다.

"두고 봐! 내가 은퇴만 하면 오토바이를 타고 전 세계를 여행할 거야!"

하지만 말대로 실천하는 사람은 정말 드물다.

내 나이도 어느덧 50대다. 돌아보면 나도 젊은 시절에 꿈대로 살지 못했다. 그것은 내가 나를 몰랐고, 또 내 꿈을 정확히 몰랐기 때문이다. 우리 아이들을 포함해 청소년들의 꿈을 응원하기 위해 설립한 〈꿈을 찾는 아카데미〉 교육연구소를 운영하면서 오히려 나에 대해 더 자세히 알게 되었다.

'만일 지금까지 그냥 회사원 생활을 하고 있었다면 나는 어땠을까?'

아마도 책에 적지 못한 다른 심각한 병에 걸렸을지도 모른다. 내 아이들에게는 남들이 인정하는 똑같은 과정을 가라고 압박하고 있을지도 모르고, 딸들은 큰 스트레스를 받았을 것이다. 어쩌면 대치동 학원을 가기에 좋은 기준으로 이사했을 수도 있고, 나는 나대로 학원비를 대느라 허리가 휘었을 것이다.

엄마, 아빠가 겪은 인생의 아쉬움을 똑같이 대물림받지 않으려면 우리도 잘 알아야 한다. 해답과 해결책이 아니라 우리 스스로 판단하고 분별할 수 있도록 노력해야 한다. 세상이 이렇게 빨리 변하는데 부모가 어떻게 우리에게 해답을 줄 수 있을까? 함께 찾아가고 함께 배워야 한다.

우리는 부모가 잔소리한다고 생각하지만 사실 부모님들은 우리보다 훨씬 많은 경험을 하신 분들이다. 물론 우리와 세대가 달라서 모든 솔루션이 똑같이 적용되지는 않겠지만, 그래도 직접 경험하면서 얻은 정보나 솔루션은 배울 점이 많다. 잘 들어보면 분명히 도움이 되는 부분이 있다.

그리고 한 가지는 분명하다. 우리 인생이 하나밖에 없으므로 최대한 꿈대로 살자! 그리고 포기하지 말자! 바로 이 점이 내가 이 책에서 나누고 싶은 핵심이다. 지금 행복하다면 우리 인생은 돈이 많고 적음과는 상관없이, 출세했는지 아닌지와는 상관없이 잘살고 있는 것이 틀림없다. 사람은 꿈대로 살아야 한다. 그 꿈대로 살려고 도전해야 한다.

회사를 과감히 나와서 내 꿈을 찾아 한 발을 뗀 지금은 마음이 가볍고 행복하다. 그렇다고 어려움이 없는 것은 결코 아니다. 그러나 예전에 느끼던 어려움과는 차원이 다르다. 경제적으로는 분명히 어려워졌지만, 마음은 훨씬 여유로워졌다.

'환경이 사람을 만든다'는 말이 있다. 새로운 환경은 새로운 생각을 하게 한다. 게다가 새로운 자리에 있으면 그전에는 몰랐던 그 자리에 있었던 사람의 마음도 알게 된다. 내 생각의 범위가 넓어질 뿐만 아니라 리더십도 생겨난다. 인생은 결국 나만의 꿈을 찾는 긴 여행이다. 한 마디로 꿈을 찾는 아카데미다. 이 모든 것은 한 발을 떼고 과감히 도전해야만 얻을 수 있다.

나는 강력하게 권한다. 남의 인생을 살지 말고 자신의 인생을 살라고! 자신의 꿈을 따라 살아야 열정이 생긴다고! 그래야 행복하다고! 이 시대를 사는 젊은이들에게 꼭 해주고 싶은 말이 있다.

"너의 꿈, 절대 포기하지 마!"

10대를 위한 완벽한 진로 수업

꿈을 찾는 아카데미

1판 1쇄 인쇄 2023년 8월 10일
1판 1쇄 발행 2023년 8월 15일

지은이 김남수
펴낸이 이재유
편 집 김아롬
디자인 design ko

펴낸곳 무블출판사
출판등록 제2020-000047호(2020년 2월 20일)
주소 서울시 강남구 언주로 647, 402호 (우 06105)
전화 02-514-0301
팩스 02-6499-8301
이메일 0301@hanmail.net
홈페이지 mobl.kr

ISBN 979-11-91433-60-9 (43190)